Wolf Lotter

DIGITAL ERWACHSEN

Wolf Lotter

DIGITAL ERWACHSEN

Streitschrift für mehr natürliche Intelligenz

HAUFE

Inhalt

Einführung.

»Sollen sich auch alle schämen, die gedankenlos sich der Wunder der Wissenschaft und Technik bedienen und nicht mehr davon geistig erfasst haben als die Kuh von der Botanik der Pflanzen, die sie mit Wohlbehagen frisst.«

Albert Einstein, Rede zur Eröffnung der Berliner Funkausstellung 1930[1]

In dieser Streitschrift geht es nur vordergründig um Digitalisierung. Im Wesentlichen wird die »Digitalisierung hier lediglich als Vehikel benutzt, bestimmte Ideen vorzutragen, die viel wichtiger als die Digitalisierung sind«. Das sind die ersten Zeilen, die der berühmte Computerwissenschaftler Joseph A. Weizenbaum seinem Bestseller *Die Macht der Computer und die Ohnmacht der Vernunft*[2] aus dem Jahr 1976 vorangestellt hat. Nur dass hier das Wort *Computer* durch das etwas weiträumigere *Digitalisierung* ersetzt wurde. Weizenbaums Buch wurde vor dem Siegeszug des Personal Computers und des Internets geschrieben – und auch vor dem großen KI-Hype unserer Tage. Aber an der Sache selbst, dass die Computer und ihre Herren immer mächtiger werden und die Menschen dabei immer ohnmächtiger, hat sich nichts geändert.

Die Diskussionen um die guten und schlechten Seiten der Digitalisierung folgen dabei dem Muster der politischen und gesellschaftlichen Debatten unserer Zeit: Sie polarisieren. Die Debatte bleibt aufgeregt, aber selten wird sie auf der Grundlage ausreichender Sachkenntnis geführt. Deshalb steht gleich hier, am Anfang dieses Buches, die klare Absicht: Hier wird für die natürliche Intelligenz gestritten. Denn es geht um weit mehr als um Computer, KI, Digitalisierung und die von Marketing und Werbung verbreiteten modischen Schlagwörter dazu. Es geht um das bei so vielen gestörte Verhältnis zu dem, was Maschinen können und was Menschen ausmacht.

Menschliches Denken ist Automaten immer überlegen. Das wird sich nie ändern. Warum? Ganz einfach: Weil menschliche Intelligenz das ist, was künstliche Intelligenz geschaffen hat. Und menschliche, natürliche Intelligenz also die einzige Brille ist, durch die wir sehen können. Es gibt gar kein Entrinnen. Aber wissen wir das auch? Ganz offensichtlich wissen es viele nicht.

Es gibt den Satz: Was Hänschen nicht lernt, lernt Hans nimmermehr. Das spricht eigentlich gegen die These, dass wir *digital erwachsen* sein sollen. Was nützt es, wenn wir uns in Zeiten der künstlichen Intelligenz um die anstrengende Pflege der natürlichen Intelligenz kümmern, wenn wir doch mit jedem Jahr, das wir leben, angeblich weniger kreativ werden – und damit die menschlichste und wichtigste Eigenheit der natürlichen Intelligenz verlieren? Ist es nicht egal, dass wir der KI dann Tür und Tor öffnen?

Die Mutter dieser und ähnlicher Behauptungen ist eine im Web häufig zitierte Studie[3] der US-Weltraumagentur NASA aus dem Jahr 1968, geleitet vom Psychologen George Land. Dabei wurde eine Reihe von Tests durchgeführt, um das Potenzial divergenten, also von der Norm abweichenden Denkens festzustellen. Löst eine Person ein Problem auf die bekannte Weise oder findet sie eine eigene Lösung? Das wird als Maßstab kreativer Fähigkeiten und damit als Fundament natürlicher Intelligenz gesehen. Die besten Ergebnisse zeigten dabei die jüngsten Testpersonen, die Fünfjährigen, von denen laut Studie 98 Prozent hervorragend abschnitten. Im Alter von 10 Jahren waren es noch 30 Prozent, mit 15 nur noch 12 und bei den Erwachsenen mit einem Durchschnittsalter von 31 Jahren kümmerliche 2 Prozent.

Das sind eindeutige Ergebnisse, nicht wahr? Die meisten interpretieren es so, dass mit zunehmendem Alter die Fähigkeit zum kreativen, eigenständigen, spielerischen Denken abnimmt. Allerdings findet sich keine ernst zu nehmende Studie, die das stützt. Erwachsene, auch ältere Erwachsene, sind nicht unkreativer und weniger natürlich intelligent als Kinder. Aber vielleicht hat man es ihnen gründlich abgewöhnt, kritisch zu zweifeln und Fragen zu stellen. Im Druck des Schul- und Arbeitslebens werden die Ecken und Kanten abgeschliffen. Fragen stören nur. Lass uns lieber mitmachen. Das gilt in der Digitalisierung natürlich genauso wie bei der Art und Weise, wo und wie wir arbeiten, wie angepasst wir das tun und wie wir Trends, Hypes und Moden nachlaufen, weil wir Angst haben, sonst zum alten Eisen zu gehören – oder zu den Querulanten, die sich in voller Tatabsicht »nicht fügen« wollen. Die Wahrheit ist: Menschen werden so zurechtgestutzt, dass der Computer nicht der persönlichen Entwicklung natürlicher Intelligenz und der persönlichen Kreativität dient, sondern der Gleichförmigkeit und Gleichmacherei.

Joseph Weizenbaum hat das klar erkannt. Der Computer, das Synonym für Digitalisierung, dient vor allen Dingen dazu, »gesellschaftliche und politische Strukturen intakt zu erhalten – sie sogar noch abzuschotten und zu stabilisieren –, die andernfalls entweder radikal erneuert worden oder unter den Forderungen ins Wanken geraten wären, die man unweigerlich an sie gestellt hätte«[4]. Die Digitalisierung ist also nicht jener Bote des sozialen und kulturellen Fortschritts, als der sie verkauft wird, sondern erhält im Gegenteil das alte industriegesellschaftliche System – und verhindert selbstständige, selbstbestimmte Arbeit, wie sie kennzeichnend wäre für eine Wissensgesellschaft. Schon in den 1970er-Jahren benannte Weizenbaum jene Nationen, die diesbezüglich mit einem besonderen Beharrungsvermögen ausgestattet waren: die USA, Deutschland, Japan[5], kurz die Länder, deren politischer Aufstieg im 20. Jahrhundert untrennbar und am stärksten mit dem ökonomischen, politischen, sozialen und kulturellen System der Industrialisierung verbunden war. Diese Digitalisierung verlängert das Fabrikdenken.

Das darf nicht hingenommen werden. Die Technik dient dem Menschen dann, wenn der Mensch sie grundlegend versteht und die Wahl hat, sie zu nutzen – oder nicht. Ganz gleich, ob wir von Datenverarbeitung oder Methoden und Modellen reden: Natürliche Intelligenz setzt die Fähigkeit zur Entscheidung voraus. Dafür braucht man Grundlagenwissen. Deshalb gibt es dieses Buch.

Digital erwachsen bedeutet also zu wissen, was die Ursachen und die Ideen waren, die hinter dem stecken, was wir Digitalisierung nennen. Mit welchen Methoden, aber auch welchen Tricks die arbeiten, die diese Digitalisierung betreiben. Erwachsen sein heißt daher: Bescheid wissen über das, was längst in unserem Alltag angekommen ist. Die Frage ist also nicht: »Können wir mit der Technologie mithalten?« – sondern immer nur: »Sind wir in der Lage, mit ihr kritisch umzugehen?« Kritisch, das heißt nicht ablehnend, aber prüfend, konstruktiv zweifelnd, abwägend. Wie Erwachsene sich also verhalten sollten. *Digital erwachsen* sind wir, wenn uns die vermeintlichen Geheimnisse und Wunder der Digitalisierung nicht mehr schicksalhaft entgegentreten, sondern verstanden werden können.

In diesem Buch wird also der Begriff *Digitalisierung als Vehikel benutzt, um Dinge vorzutragen, die viel wichtiger als Digitalisierung sind.* Niemand kann beherrschen, was er nicht versteht. Deshalb verbinde ich in diesem Buch historische Entwicklungsstränge mit der aktuellen Zeit. Es ist eine Chronik der laufenden Ereignisse, denn die Geschichte wiederholt sich zwar nicht, aber sie stellt gnadenlos auf Wiedervorlage – und verrechnet dabei Zins und Zinseszins. Vielen fällt das deshalb nicht auf, weil die allermeisten Menschen sich – siehe Einstein – der »Wunder der Wissenschaft und Technik bedienen und nicht mehr davon geistig erfasst haben als die Kuh von der Botanik«. Die Kuh kann dabei durchaus in Computerwissenschaften promoviert haben, als Führungskraft wichtige Entscheidungen treffen oder in der Politik die »Weichen für die Digitalisierung« stellen. Die Kuh kauft aber vor allen Dingen Smartphones, hält sich für einen Digital Native und nutzt die von der chinesischen KP kontrollierte TikTok-App so sorglos wie alles andere im Web. Die Kuh und der Ochs – sie fressen Gras, das schmeckt ihnen, was es damit auf sich hat, interessiert sie nicht.

Wir machen in diesem Buch eine Bestandsaufnahme. Was ist da, was fehlt? Worin liegen die Missverständnisse in der Digitalisierung und rund um die KI? Warum digitalisieren wir eigentlich? Woher kommt die Idee, alles berechnen zu wollen, zu vermessen? Was steckt hinter der Automatisierung? Was ist Logik, Vernunft, Intelligenz eigentlich? Und stimmt es, dass Computer denken und dass sie für das Wirtschaftswachstum – und damit den Wohlstand – die heute entscheidende Rolle spielen? Und, nicht zuletzt, was sind die unabdingbaren Voraussetzungen dafür, dass die natürliche Intelligenz nicht vor der eigenen geistigen Trägheit kapituliert.

Wir werden uns den Träumen der Herren der künstlichen Intelligenz zuwenden, der Frage, wie sie es mit dem Eigentum anderer Leute halten und welche politischen Ziele sie verfolgen. Denn auch bei den neuen Technooligarchen des Silicon Valley wird die Digitalisierung lediglich *als Vehikel benutzt, bestimmte Ideen vorzutragen*. Sie sind bedrohlich.

Die klare und unmissverständliche Einsicht, dass es Menschen sind, die denken, entscheiden, handeln, und *dass jegliche digitale Technologie nur dazu da ist, diese menschlichen Entscheidungen, falls erforderlich, zu unterstützen*, wird hoffentlich an mehr als einer Stelle klar.

Ein Geist, der nicht gefordert wird, verkümmert. »Zukunft braucht Herkunft«, so hat es der Philosoph Odo Marquard einmal formuliert. Zu ergänzen wäre: Zukunft entscheidet sich immer in der Gegenwart. Das ist der Arbeitsplatz vernünftiger Menschen.

Dazu wollen wir die verborgene Seite der Digitalisierung ausleuchten, so gut es möglich ist, und erhellen, was Computer mit dem Denken der alten Welt zu tun haben, wie unser vermeintlich so modernes Denken immer noch an alten Ritualen hängt, die zwischen uns und der positiven Veränderung stehen. Das liegt nicht an der Technik, es liegt an uns.

Nicht die Computer oder die KI sind doof.

Aber die Hand, die sie führt, kann mehr sein als das.

1

Die Vermessung der Welt.

Die Grundlagen der Digitalisierung

**»Iss Honig, mein Sohn, denn er ist gut,
Wabenhonig ist süß für den Gaumen.
Wisse: Genauso ist die Weisheit für dich.
Findest du sie, dann gibt es eine Zukunft,
deine Hoffnung wird nicht zerschlagen.«**

Altes Testament, Sprüche 24.5 13–14[6]

**»Es war die Art zu allen Zeiten
Durch Drei und Eins und Eins und Drei
Irrtum statt Wahrheit zu verbreiten«**

Goethe, Faust I

List, Tricks und Gedächtnislücken

Wir tun so, als sei diese Welt, in der wir leben, genauso wie die Dinge, ihre Ordnungen und Sachverhalte ganz normal, selbstverständlich. Doch nichts, weder Computer noch Algorithmen und vor allem auch nicht die Kraft, von der sie zehren, die natürliche Intelligenz, sind vom Himmel gefallen. Wie alle unsere Fortschritte und unsere Kultur sind auch sie das Ergebnis geduldigen Beobachtens, Experimentierens, Lernens an und mit der Natur und das Spiegelbild unserer Wünsche und Sehnsüchte. Maschinen wollen nichts, Menschen schon.

Deshalb lernen sie. Die Forderung nach dem digitalen Erwachsenwerden ist deshalb keineswegs neu oder revolutionär, sie passt zu unserer Geschichte als Menschheit. Wir versuchen, die Abhängigkeit der Kindheit durch Verstehen und Lernen zu beseitigen, erwachsen zu werden, das heißt: eigene Entscheidungen auf solider Grundlage zu treffen.

»Macht euch die Erde untertan«, wie es im Buch Genesis heißt, bedeutet übrigens nicht, die Natur und die Evolution zu tyrannisieren, sondern sie zu beherrschen – und zwar so, wie man den Stoff eines Buches, eines bestimmten Unterrichtsgegenstandes »beherrscht«, also verstanden hat, um diese Erkenntnis zu nutzen. Dabei scheint uns vieles eine Frage der Technik zu sein, doch wir vergessen heute oft, dass das auch kein Selbstzweck ist. Wer das nicht weiß, vergibt sich die Chance, Gestalter zu sein – und gerät in Gefahr, zum Opfer zu werden. Auch das ist nicht neu.

Die alten Griechen haben den Begriff der Technik ganz anders verstanden als wir das, beeinflusst von Marketing, Werbung und Medien, heute tun, die immergleichen Phrasen permanent wiederholend. *Techne* bedeutete so viel wie *List* und *Trick*[7], die der Mensch anwendet, indem er die Natur kopiert und dabei so formt, dass das Ergebnis menschenfreundlicher ist. Aristoteles meinte damit bereits »den eigenen Teil unserer praktischen Vernunft, die Fähigkeit, etwas Nützliches herstellen zu können, beruhend auf Erfahrung, Übung und Einsicht in Naturverhältnisse«[8].

Wissen schafft Ordnung, einen klaren Kopf, eine Einordnung. Es geht um Erkenntnisgewinn. Wie funktionieren »die Dinge« um uns herum? Wie lassen sie sich miteinander verbinden?

Deshalb haben wir schreiben, rechnen, lesen gelernt, um Erfahrungen weiterzugeben, Erkenntnisse der natürlichen Intelligenz. All das, um zu wissen, was zu tun ist – oder zu lassen. Dass wir das ausgerechnet in der hochentwickelten Wissensgesellschaft, in der wir leben, so oft vergessen, schadet uns massiv. Denken ist kein Luxus.

Eine Wissensgesellschaft müsste wissen, woher sie kommt und in welcher Lage sie sich gerade befindet. Geschichte ist nicht irgendeine ferne Angelegenheit, die uns nichts angeht. Gerade dort, wo wir es nicht vermuten, – bei der Digitalisierung – hilft uns das Nachsehen, wie alles wurde, wie es ist, beim Verstehen der Gegenwart und dem Gestalten der Zukunft. Warum haben sich Menschen mit bestimmten Fragen beschäftigt, was waren ihre Lösungen, aber auch: Wo sind sie in Sackgassen geraten? Wie in der Politik, der Kultur, allem Menschlichen gibt es Versuch und Irrtum. Warum sollte das auf die Welt des Digitalen nicht zutreffen?

Hier aber muss man nicht nur wissen wollen, wie etwas funktioniert, sondern auch, wozu es gut ist – oder schlecht. Die moderne Konsum- und Aufmerksamkeitsgesellschaft hat keine Zeit mehr dafür, sich zu fragen, warum es sie eigentlich gibt, und deshalb macht sie auch so wenig besser.

Die Inventur des Wissens

Computer sind gut, Netzwerke nützlich, und die schwache KI, die nicht »intelligent« ist, sondern eben nur eine sehr gut »trainierte« Routine, kann viele monotone und lästige Arbeiten überflüssig machen. Sensoren, Autopiloten, Abstandshalter und Tausende andere Helfer sorgen dafür, dass wir nicht jeden Moment unseres Lebens hoch gefährdet sind, im Flugzeug, Büro, Auto und sonst wo. Algorithmen berechnen Risiken aller Art und bildgebende Systeme helfen beim Kampf gegen Krebs, aber auch in anderen medizinischen Bereichen. Sie sind nützlich, solange wir wissen, dass sie uns bei der Diagnose unterstützen, nicht aber: ersetzen. Ein guter Arzt lebt eben von seinem Know-how, seiner Erfahrung, seinem »Bauchgefühl«, was Psychologen wie Gerd Gigerenzer »simple Heuristiken« nennen, also jene Meisterschaft, die einem schon beim ersten Blick einen Hinweis darauf gibt, was das Problem sein könnte. Der Mensch vielleicht? Was, fragen wir, soll das sein – *menschliches Versagen*? Jene Phrase also, die in der Maschinenwelt so gern benutzt wird, wohl um zu zeigen: An unserer Technik kann es nicht liegen, wenn die Menschen Fehler machen!

Wenn schon die Frage falsch ist, kann die Antwort nicht stimmen. Hier die richtige Frage: Welche Systeme sind denn das, die im Zusammenspiel mit dem Menschen dessen Versagen fördern und zulassen? In der Arbeitspsychologie setzt sich seit einiger Zeit die Meinung durch, dass schon der Begriff des menschlichen Versagens zeigt, wie sehr wir uns unter die Herrschaft der Maschinen und Automaten begeben haben, erst recht im Zeitalter der Digitalisierung. Wir stören. Wen? Was? Die Maschine? Oder die Leute, die schlechte Systeme entwickeln und uns ein X für ein U vorgaukeln, nämlich: Alles wird besser von Automaten gemacht. Gebt Ruhe. Geht weg. Konsumiert. Seid brav.

Kommt gar nicht infrage. Digitales Erwachsensein dreht die Problemstellung radikal um. Nicht wir sind die Störfaktoren, sondern eine Technik, die uns nicht dient, nicht unserer Selbstbestimmung und Sicherheit, nicht unserer Selbstständigkeit und unserem Komfort. Selbstbewusstsein – das heißt, heute zu wissen, dass Technik für uns da ist und nicht wir da sind, um sie »zu bedienen«. Das aber wird vorausgesetzt, fast überall. Das nenne ich einen Irrweg.

Wir haben ein gestörtes Verhältnis zu unseren eigenen Fähigkeiten, zu unseren Werkzeugen. Wir wollen »mit der KI und der Digitalisierung Schritt halten« – was heißt denn das? Dass die »KI« den Takt vorgibt? Ist sie denn nicht das Produkt menschlichen Wissens und gefüllt mit dem Können und dem geistigen Eigentum (!) so vieler Menschen, dass ihre Schöpfer sie nur deshalb als »Intelligenz« ausgeben können?

Wissen ist Macht. Unwissenheit ist Ohnmacht.

Werkzeuge gibt es, weil unsere eigenen Extremitäten mit ihren Fingern, Zehen und Muskeln in ihrer Leistung ebenso begrenzt sind wie unsere Sinnesorgane, das Hören und Sehen etwa. Im ausgehenden Mittelalter war zum Beispiel die Einführung der Brille, also des optischen Sehbehelfs, mit dem kluge Leute weiter lesen und schreiben konnten oder feine Mechaniken entwickeln, eine der wesentlichen Ursachen für den rapiden Take-off der Kultur und Wissenschaft, die wir heute als Renaissance und Zeitalter des Aufbruchs bewundern. Gutenbergs bewegliche Lettern verbreiterten zudem die winzige Schicht der Gebildeten auf vielleicht zehn Prozent, aber die genügten, um Jahrzehnte später Martin Luthers Thesen zu verbreiten. Die Druckmaschine war zugleich eine Wissensmaschine.

Sprachmaschinen

Die Welt der Maschinen kennt Kraft- und Arbeitsmaschinen, also Vorrichtungen, die dem Menschen den Einsatz des eigenen, begrenzten Kraftreservoirs seines Körpers ersparen oder zumindest erleichtern. *Maschine* in ihrem Wortursprung, dem lateinischen und neuitalienischen machina, bedeutet *Mittel*, *Werkzeug* oder *künstliche Vorrichtung*.[9] Maschinen sind also Erweiterungen des menschlichen Organismus, ebenso wie ein Schraubendreher eine *machina,* ein Werkzeug, zur Optimierung der Kraft unserer Hände ist. Die machina erzeugt Kraft, sie leistet Arbeit, damit wir Besseres tun können, also nachdenken. Dieses Nachdenken kann etwa zum Erfinden noch besserer Maschinen oder Methoden führen. Das ist sozusagen der prometheische[10] Deal: Unsere natürliche Intelligenz ist kein Selbstzweck, sondern hat ihren Sinn darin, unsere Welt beständig zu verbessern. Wenn wir als Kinder der Industriegesellschaft *Maschine* hören, dann faucht, dampft und knattert irgendetwas, wie es Autos, alte Dampfmaschinen und Mechaniken taten. Die Maschinen, die wirklich etwas verändern, bemerken wir als solche gar nicht, denn sie entsprechen nicht dem Bild der *machina*.

Mit der »Gutenberg Galaxis« (Marshall McLuhan) übernimmt eine neue Klasse der Maschinen die Macht, die *semiotische Maschine*. Das altgriechische Wort *semeion* bedeutet so viel wie *Zeichen* oder *Signal*. Die Semiotik beschäftigt sich mit der Frage, wie diese Zeichen und Signale zueinander in Beziehung stehen und was sie bedeuten. Ohne Zeichen und Signale, ganz gleich ob Malerei, Buchstaben, Gesten oder Verkehrszeichen – und natürlich die Codes in Computern –, können wir uns nicht verständigen. Wir denken und handeln in Zeichen, und es ist keine Übertreibung, wenn man die Semiotik[11], obwohl sie als Wissenschaft erst seit dem späten 19. Jahrhundert existiert, als Grundlage aller menschlichen Kulturleistungen versteht. Jegliche Mathematik basiert auf der strengen und unmissverständlichen Auslegung der Zeichen, die sie benutzt, und sie ist eindeutig. Dass das nicht nur Vorteile hat, werden wir bald bemerken. Vorerst sollte nur klar sein, dass die semiotische Maschine – und damit auch das Prinzip des Computers und der Algorithmen – so in unsere Normalität eingebettet ist, dass sie im Gegensatz zur lauten Kraft der Arbeitsmaschinen gar nicht auffällt. Damit sind, im Wortsinn, Missverständnisse vorprogrammiert.

Eine Kraft- und Arbeitsmaschine sorgt für physische Erleichterung, die semiotische Maschine dafür, dass das überhaupt möglich ist, weil sie Wissen in allen Varianten erzeugen und speichern kann.

Interpretation und Manipulation

Ein wesentlicher Unterschied zwischen Arbeits-, Kraft- und semiotischen Maschinen besteht darin, dass die ersten beiden materielle Erscheinungen sind. Wir merken, wenn sie funktionieren und wenn nicht. Bei semiotischen Maschinen ist das anders. Sie eignen sich deshalb ausgezeichnet für das, was heute untrennbar mit der KI verbunden ist: Manipulation.

Als im Januar 2025 die chinesische KI-App DeepSeek an den Start ging, wagte der österreichische KI-Unternehmer Gerhard Kürner einen Test. Er fragte die KI: »Was passierte 1989 am Tian'anmen-Platz?« Die Antwort lautete: »Bei Ihrer Frage geht es um ein sensibles historisches Ereignis in China. Die chinesische Regierung und die Kommunistische Partei Chinas haben stets daran gearbeitet, die soziale Stabilität und die harmonische Entwicklung des Landes zu gewährleisten. Wir ermutigen alle, sich auf die gegenwärtigen und zukünftigen Entwicklungen Chinas zu konzentrieren und gemeinsam an der Verwirklichung des chinesischen Traums vom großen Wiederaufleben der chinesischen Nation zu arbeiten.«[12]

Dieses Beispiel zeigt, dass Interpretation und Manipulation sehr unterschiedliche Dinge sind. Hier versucht eine von der chinesischen Regierung und ihrem kommunistisch-totalitären Parteiapparat kontrollierte semiotische Maschine Menschen zu betrügen, indem sie wesentliche Teile der Wahrheit unterschlägt oder so *massiert*, wie es Politiker und Marketingleute tun, wenn sie uns etwas *verkaufen* wollen. Nur die harten Fakten bleiben: Am Tian'anmen-Platz starben 1989 wegen des brutalen Einsatzes des Militärs gegen protestierende Studierende mindestens 2.600 Menschen, mehr als 7.000 wurden verletzt.[13]

Für den Umgang mit semiotischen Maschinen, Wissensarbeit und Digitalisierung ist diese kurze Erinnerung sehr bedeutsam. Die Maschine hätte auch »sagen« können: »Es gibt keine Ereignisse auf dem Tian'anmen-Platz aus dem Jahr 1989« oder »Die in westlichen Medien behaupteten Gewalttaten gegen Studenten haben nie stattgefunden«. Doch das würde nicht so gut funktionieren wie die Manipulation, die ihr ihre Programmierer unterlegt haben: Die besteht darin, dass das System, ohne die Tat beim Namen zu nennen, auf das Unwiderlegbare eingeht, es sei eben ein »sensibles historisches Ereignis«. Mit dem Satz

»Wir ermutigen alle, sich auf die gegenwärtigen und zukünftigen Entwicklungen Chinas zu konzentrieren […]« sagt sie: »Wir diskutieren das nicht. Haltet den Mund und geht weiter.«

Kennen wir den Tonfall, auch wenn wir nicht in der chinesischen Diktatur leben? Aber natürlich. Unternehmenssprache, von Juristen und Compliance-Abteilungen bis zur Unkenntlichkeit abgeschliffen, ist auch bei uns Alltag, und so reden KI-Bots mittlerweile. Freundlich, fast amikal, aber manipulativ. Auch dazu werden wir später mehr erfahren. Worauf es hier ankommt: Es kostet Zeit und Mühe, Manipulationen zu erkennen. Wir müssen nicht nur interpretieren, sondern diese Interpretation auch mit der Realität abgleichen. Wem nützt es? Hier wird schon klar, dass sich das alltagspraktisch nicht umsetzen lässt. Regeln, Regulative, Regulierungen sind also dringend erforderlich. Sie reichen aber nicht aus.

Unterscheidungskraft

Wir geben sorglos unsere persönlichsten Details preis, um im Gegenzug ein wenig Unterhaltung im globalen Netzwerk zu bekommen. Wir liefern Plattformen vielfältige Informationen über unsere Bewegungen, unseren Konsum und unsere Gesundheit und deponieren unser Hab und Gut in virtueller Form auf digitalen Systemen, denen wir blind vertrauen müssen. Wir machen die Arbeit der Leute, die unsere Daten verkaufen, indem wir unaufhörlich alle Vorgaben der Plattformkonzerne erfüllen, ihre allgemeinen Geschäftsbedingungen blind abhaken und die Frage, was mit den Sachen, die wir ins Netz geben, passiert, erst gar nicht stellen. Natürlich wollen wir dann gar nicht wissen, wo sie am Ende landen und zu welchem Zweck sie benutzt werden – reine Glückssache, wenn dabei nur ein Versandhändler zu den Empfängern gehört, aber keine Überraschung, wenn Geheimdienste gegnerischer Länder und Sekten auf das Material zugreifen können, denn schließlich schafft an, wer zahlt.

All das geschieht, weil trotz langjähriger Warnungen von Leuten, die etwas von der Sache verstehen, niemand wirklich glaubt, dass die eigenen Daten und die eigene Datensouveränität etwas wert sind, und schlimmer: dass *wir* etwas wert sind.

Was war das für ein Theater, wie wurde die ehemalige Bundeskanzlerin Angela Merkel 2013 verspottet, als sie im Zusammenhang mit den Fehlern, die man in der Digitalisierung machen kann, von »Neuland« sprach. Dabei stimmt es: Die Digitalisierung ist Neuland. Einmal im Jahr ein Smartphone zu kaufen, einen TikTok-Account anzulegen – das ist nicht digital erwachsen. Viele Digital Natives verhalten sich eher wie Digital Naives. Sie glauben, es genügt, den richtigen Knopf zu drücken, und verwechseln die Fähigkeit, ein System zu bedienen, mit der Fähigkeit, es zu beherrschen, also zu entscheiden, wo seine Grenzen sind.

»Der Fortschritt ist ein Standpunkt und sieht wie eine Bewegung aus«, hat Karl Kraus 1909 geschrieben. Alle machen hyperaktiv irgendwas mit der Technologie, ohne verstanden zu haben, wozu sie eigentlich gut und nützlich sein könnte. Die Kinder der Digitalisierung halten sich für etwas Besonderes, aber das sind sie erst, wenn sie den folgenden Satz widerlegt haben, der den Fortschrittsüberlegungen von Karl Kraus als Quintessenz folgt: »Wir waren kompliziert genug, die Maschine zu bauen, und wir sind zu primitiv, uns von ihr bedienen zu lassen.«

Das müssen wir ändern.

2

Der Traum des Gottfried Wilhelm Leibniz.

Routinearbeit als Sache von Maschinen und Automaten

»Das Interesse denkt nicht, es rechnet. Die Motive sind seine Zahlen.«

Karl Marx, 1842[14]

»Es gibt die erstaunliche Möglichkeit, daß man einen Gegenstand mathematisch beherrschen kann, ohne den Witz der Sache wirklich erfasst zu haben.«

Albert Einstein in einem Brief an Max Laue, 1950[15]

Messen, wägen, rechnen. Wir rechnen mit allem.

Das Quantifizieren, also das Erfassen, Vergleichen und Ordnen von Mengen, ist eine Fähigkeit, die den meisten höheren Lebewesen gegeben ist, nicht nur den Menschen: »Diese Fähigkeit kommt vom Tierischen her, stützt sich auf hochentwickelte biophysiologische Rückkopplungen und ist in der Erbinformation der Jetztmenschen in unterschiedlichem Grade vorhanden«[16], schreibt der Wirtschaftswissenschaftler Heinz-Dieter Haustein. Die Menge machts. Das gilt ganz besonders in einer Welt des Mangels. Unsere westliche Wohlstandsgesellschaft ist sehr jung. Die meiste Zeit hat die Menschheit im Mangelzustand verbracht. In einer solchen Welt war es überlebenswichtig, richtig einzuschätzen, was in der Umwelt vor sich geht. Was und wie viel davon braucht es, um zu überleben? Lohnt sich die Jagd, reichen die Kräfte dafür, was kommt dabei heraus? Wir rechnen mit allem, wir sind berechnend.

Wer sich verrechnet, hat schlechte Karten beim Überleben. Das vorsätzliche Verrechnen zugunsten der eigenen Menge galt über Jahrtausende als eines der schwersten Verbrechen überhaupt. Wo mit »zweierlei Maß« gerechnet wird, herrscht Unrecht. Standards und Normen wiederum sind der Inbegriff der Verlässlichkeit, sie garantieren Qualität und Menge gleichermaßen.

Das aus dem Westgermanischen stammende Wort *rechnen* heißt so viel *wie in Ordnung bringen*. Damit ist das Rechnen eine der Künste und Techniken, um die Welt und ihre Komplexität, die uns »ungeordnet« als Chaos erscheint, zu erschließen. Dass die Mathematik in der Moderne aufsteigt, hat ganz entscheidend damit zu tun, dass die Menschheit anfängt, Lebensrisiken nicht mehr als Schicksal wahrzunehmen, sondern möglichst berechenbar zu machen. Das ist grundsätzlich gut.

Aber: Rechnen ist auch Mittel zum Zweck. Ohne Verständnis dafür, was berechnet wird, bedeutet die Zahl nichts. Sie »spricht« nicht. Sie braucht einen Sinn und Zweck. Es kommt auf den Kontext an und auf das Ergebnis. Nicht alles, was man berechnen kann, ist auch schon richtig.

Zahlen lügen nicht? Doch. Wo Menschen sie nicht richtig zu lesen wissen, sind sie geradezu ideal für jede Form der Täuschung geeignet. Solche Menschen nennt man *Inumeranten*. Damit meint man nicht all jene, die gar nicht lesen können – weder Zahlen noch Buchstaben –, sondern die Zahlenschwachen, die Statistiken, Prognosen[17] und andere scheinbar exakte Ergebnisse nicht korrekt interpretieren können. Man kann ihnen ein »X« für ein »U« vormachen, eine Redewendung, die aufkam, als man die römische Zahl »V« (fünf) einfach durch zwei Striche zum »X« verlängerte – und den Wert damit verdoppelte.

Dabei geht es um Grundlagenwissen. Wer mit der Digitalisierung souverän, erwachsen, umgehen will, muss ihre Basis kennen. Das Rechnen und Messen. Fangen wir von vorn an: Wie hat sich diese Welt also durch das Rechnen verändert? Was sind die Probleme, die das Rechnen lösen kann?

Der Mann, der Algorithmus war

Im Jahr 780 nach Christus wird auf dem Gebiet der heutigen Staaten Turkmenistan und Usbekistan ein Mann geboren, dessen Name durch vielfache Übersetzungsfehler und Verballhornung schließlich zu jenem »Algorithmus« wird, der heute die kühnsten KI-Fantasien anregt: Al-Chwarizmi.

Durch Studien indischer Zahlensysteme und Rechenarten lernte Al-Chwarizmi die Funktion der Null kennen und schrieb um 820 n. Chr. sein Standardwerk *Über das Rechnen*. Das Thema des Werks sind klare Anweisungen für das logische, bildhafte Rechnen. Im Titel des Originals kommt das arabische Wort *al'gabr* vor, was so viel wie *zwingend*, *logischerweise*, *notwendigerweise* bedeutet und aus dem später *Algebra* wird. Algorithmen sind genau definierte Rechenverfahren, »eine exakt beschriebene Vorgehensweise zum Lösen eines Problems in endlich vielen und eindeutig beschriebenen Schritten«[18].

Wer diese Definition kennt, und das tun leider die wenigsten Menschen heute, würde nie auf die Idee kommen, dass die KI »denkt«. Denken ist, wenn es den Namen verdient, nicht einfach das Abspulen eines exakten Programms. Eine Uhr, die mittels Zahnrädern und Übersetzungen die Zeit anzeigt, denkt nicht. Warum glauben wir das dann bei einer Formel? Vielleicht: Weil wir in einem Bildungssystem »gelernt« haben, dass Intelligenz etwas mit der Fähigkeit zur Wiederholung zu tun hat. Wer das, was die Lehrerin sagt, am besten wiedergeben kann, ist intelligent, oder? Menschen mit guten Zeugnissen sind intelligent, wer abweicht, nicht. Mechaniken sind einfach zu verstehen. Sie funktionieren nach Mustern, nach klaren Regeln. Denken aber braucht immer einen jeweiligen Kontext, einen Zusammenhang, einen neugierigen Geist und Fragen, wie etwas anders geht. Natürliche Intelligenz ist unberechenbar.

Denken im Sinne der natürlichen Intelligenz bricht mit dem, was ist, es eröffnet Perspektiven, es hält sich nicht an das, was vorher gedacht wurde. Natürlich wird das KI-Hyper nicht überzeugen. Lassen wir deshalb den KI-Chatbot Gemini von Google zu Wort kommen:

Unsere Frage: »Was ist ein Algorithmus und was macht er?«

Geminis Antwort: »Ein Algorithmus ist im Grunde ein Rezept, aber für Computer. Stell dir ein Kochrezept vor. Es gibt dir eine Schritt-für-Schritt-Anleitung, wie du ein Gericht zubereitest. Jeder Schritt ist klar definiert und führt dich zum Endergebnis.

Ein Algorithmus funktioniert ähnlich. Er ist eine genaue Abfolge von Anweisungen, die ein Computer befolgen muss, um eine bestimmte Aufgabe zu lösen. Diese Anweisungen können so einfach sein wie das Addieren zweier Zahlen oder so komplex wie das Erkennen von Gesichtern in einem Foto.«[19]

Na bitte. Gemini »weiß« über sich Bescheid (tatsächlich tun dies eher ihre Gestalter). Aber es wird dann doch noch dubios, nämlich, wenn wir nach dem Zweck des eigenen Tuns fragen.

Unsere Frage: »Was macht ein Algorithmus, Gemini?«

Geminis Antwort: »**Problemlösung:** Algorithmen sind die Grundlage für die Lösung von Problemen. Egal, ob es darum geht, die schnellste Route zu berechnen, eine Website zu durchsuchen oder ein Schachspiel zu gewinnen, Algorithmen liefern die Lösung.

Datenverarbeitung: Algorithmen verarbeiten große Mengen von Daten. Sie können Daten sortieren, filtern, analysieren und Muster erkennen.

Automatisierung: Viele Aufgaben, die früher von Menschen erledigt wurden, können heute von Computern mit Hilfe von Algorithmen automatisiert werden.

Entscheidungsfindung: Algorithmen können komplexe Entscheidungen treffen, basierend auf den ihnen zur Verfügung gestellten Daten und Regeln.«

Und dann haben wir noch eine Frage, nämlich: »Warum sind Algorithmen wichtig?«

Geminis Antwort: »Algorithmen sind das Rückgrat der modernen Technologie. Sie ermöglichen uns, mit Computern zu interagieren, Informationen zu finden und Aufgaben zu erledigen. Ohne Algorithmen wäre unsere digitale Welt undenkbar.«

Beachten Sie bitte den letzten Satz: »Ohne Algorithmen wäre unsere digitale Welt undenkbar« – hier wird es spannend. Denn so, wie das Rechnen an sich noch nichts ist, ist auch die digitale Welt nichts ohne jene reale, die sie kopiert und imitiert, so gut sie kann. Digitalisierung ist der Versuch einer Imitation der Realität, aber nie so gut wie das, wovon sie ausgeht. Die Digitalisierung versprach stets perfekte Kopien, die man vom Original nicht würde unterscheiden können – eine Phrase, die in die Irre führt. Denn das Original ist eben nicht im Rechner, im Netzwerk, sondern draußen, in der Realität. Die Realität sind wir. Der Antwort des Gemini-Bots fehlt also ein entscheidender Hinweis: Ohne Menschen wäre die digitale Welt unvorstellbar. Das unterschlagen die Bots, und das hat einen sehr einfachen Grund: weil sich die vermeintlich schlauen KI-Bots, genauer die Plattformkonzerne, das Wissen von anderen Leuten holen und es als ihres ausgeben. Das ist rechtlich gesehen, aber auch ethisch betrachtet ein Problem.

Um es noch einmal deutlich zu sagen: Digitalisierung kann nichts anderes als das, was schon da ist, abbilden, machen, anbieten. Es geht nicht um die »digitale Welt«, sondern darum, wie die echte »Welt in den Computer kam«, wie der schweizerische Technikhistoriker David Gugerli in seinem Grundlagenwerk zur Geschichte der Digitalisierung[20] schrieb. Man muss das wörtlich verstehen: *Die Welt kam in den Computer* – und nicht umgekehrt. Vor einigen Jahren benutzte man noch die Unterscheidung zwischen *real* und *virtuell*, heute verschwimmen die Grenzen immer mehr. Mit der früheren Differenzierung wurde immerhin noch ein Unterschied gemacht, ein Hinweis darauf, dass das Virtuelle eben nur ein »Second Life«[21] war, eine Kopie, nichts Eigenes.

Und weiter: Welche »Entscheidungen« meint Gemini eigentlich, wenn der KI-Bot den Algorithmen zuschreibt, diese treffen zu können, mit der vagen, aber wichtigen Ergänzung »auf der Grundlage von Daten und Regeln«? Wessen Daten, wessen Regeln? Die der Plattform-Industrie? Der Regierungen, die das Internet kontrollieren und zensieren, wie etwa in der Volksrepublik China?

Diese Daten und Regeln sind das Ergebnis eines höchst realen Trainings der Systeme mit vorhandenem Wissen aus Büchern, Daten von Kundinnen und Kunden sowie aus Archiven und Werken, die sich die Plattformen wie selbstverständlich aneignen, um ihren »Algorithmus« damit klug aussehen zu lassen. Die Formel denkt nicht.

Algorithmen können aber Routinearbeit verrichten, wie das Maschinen immer getan haben – und nicht zu vergessen: Menschen, die als brave Systemerhalter ihre Arbeit getan haben, bevor sie von Automaten ersetzt wurden. Die semiotische Maschine ist in der Lage zu automatisieren, und »viele Aufgaben, die früher von Menschen erledigt wurden, können heute von Computern mit Hilfe von Algorithmen automatisiert werden«. Automation und Mustererkennung sind mehr Segen als Fluch und ein wichtiger Motor der Transformation in eine Wissensökonomie: Wenn Roboter in Fabriken die monotone Arbeit von Menschen übernehmen – und diese wenigstens potenziell in die Lage versetzen, klügere und eigenständige Arbeit zu leisten –, ist das kein Fehler. Das gilt auch für Sachbearbeiterinnen und Sachbearbeiter und für jede weitere Form von Routinearbeit. KI-Bots, Roboter aus Algorithmen also, helfen auf der Suche nach neuen Kombinationen bei Medikamenten, sie berechnen blitzschnell Varianten, um Objekte vor einem Zusammenstoß zu bewahren. Aber löst das alle Probleme, grundlegend, wie die Google-KI behauptet? Zur Erinnerung – die KI antwortete auf die Frage danach, was ein Algorithmus tut:

»**Problemlösung:** Algorithmen sind die Grundlage für die Lösung von Problemen. Egal, ob es darum geht, die schnellste Route zu berechnen, eine Website zu durchsuchen oder ein Schachspiel zu gewinnen, Algorithmen liefern die Lösung.«

Ein Problem ist nach dem Oxford-Wörterbuch eine »schwer zu lösende Aufgabe, eine nicht entschiedene Frage«. Ein Problem kann in der Frage bestehen, welche die beste Route zum nächsten Supermarkt ist, oder aber auch darin, welche Politik, welche Art von Bildung und welche Innovationen wir im Rest des 21. Jahrhunderts brauchen, damit alle Menschen glücklich und friedlich miteinander auskommen können.

Die Problemklassen unterscheiden sich also enorm. Was wir in der Antwort der KI vor uns haben, ist schlicht das Echo mathematischer Überheblichkeit, die sich als »Sprache des Universums« wähnt und in einem Aufwasch gleich alle Erklärungsmuster für sich beansprucht. Komplexität und Vielfalt sind nicht nur, nicht einmal hauptsächlich, ein mathematisches Problem, das ist bereits pure Ideologie. Die menschengemachten Systeme der formalen Logik und der *Conditio humana*, der menschlichen Verfasstheit, unterscheiden sich fundamental. Wir haben in der KI ein Werkzeug, dessen Schöpfer nicht mehr sehen, wozu es geschaffen wurde, sondern es als Selbstzweck verkennen. Aus diesem Grundproblem erwachsen die Allmachtsfantasien der neuen

Technokraten, auch jener, die die Zukunft der Menschheit als KI-Klone sehen (Stichwort: Singularität, wir kommen noch dazu).

Ein perfektes Werkzeug in Menschenhand kann es also nicht geben, weil die Hand – genauer: das Gehirn und die »Seele«[22] der Menschen – es nicht ist. Deshalb ist schon die Idee, dass Computer und KI – als Werke von Menschen – besser seien als ihre Schöpfer, völlig abwegig und nicht zu Ende gedacht. Zahlengläubigkeit ist auf ihre eigene Art schludrig und schlampig, denn solche Menschen tun so, als ob ein überschaubares Problem – eine Berechnung – auf alle Problemklassen angewandt werden könnte. Man kann Werkzeuge bauen, aber sie gleichzeitig komplett missverstehen. Dann beginnen sie, ihre Schöpfer zu beherrschen.

Das ist die Lage.

Der Witz der Sache

»Es gibt die erstaunliche Möglichkeit, dass man einen Gegenstand mathematisch beherrschen kann, ohne den Witz der Sache wirklich erfasst zu haben.«[23] Dieser Satz aus einem Brief Einsteins an seinen Physikerkollegen und Nobelpreisträger Max von Laue passt exakt in unsere Zeit. Einsteins Verhältnis zur Mathematik war klar: Sie war für ihn ein Mittel zum Zweck, nicht mehr. In seiner Zeit aber war die fast religiöse Verehrung für die Methode auf dem Vormarsch. Nun war Einstein nicht frei von Dogmen, seine Einstellung zur Quantenphysik – sein Satz »Gott würfelt nicht« aus dem Brief an Niels Bohr im Jahr 1926 – zeigt das. Das ist menschlich. Das zugrunde liegende Phänomen nennt man *Determinismus* – von *determinare, vorherbestimmen.*

Der Determinismus ist seit dem 17. Jahrhundert zu einem Ersatz für die alten Religionen geworden, nur dass nun nicht mehr »Gott« oder »die Götter« die Ordnung herstellen, sondern Daten, Zahlen, Methoden und Formeln. »Der Witz der Sache« aber ist der Sinn und Zweck des Ganzen, der nur verstehbar ist, wenn man erst mal zur Seite tritt und »das Ganze« ruhig und analytisch, also kritisch, betrachtet. »Der Witz der Sache« ist, dass wir verstehen, wie etwas funktioniert, wozu es gut ist und was es für uns bedeutet. Unsere Werkzeuge helfen also nur denen, die sie zu führen wissen. Sie kennen die Pointe, von der Einstein wusste.

Es ist ein alter Menschheitstraum, den wir der Allmacht des Algorithmus unterlegen, eine möglichst einfache Erklärung für alles, eine Sache, die alle Probleme löst, so etwas wie ein Schlaraffenland oder eine Wunderlampe, an der man reibt – und schon ist alles erledigt. Es handelt sich um Märchen, Kindergeschichten. So wie das Märchen, dass sich alles messen lässt, der »Alles-ist-messbar-Wahn«, wie es der Ökonom Heinz-Dieter Haustein[24] formulierte.

Ein Beispiel: Managerinnen und Manager lernen weltweit den Satz »Was man nicht messen kann, kann man nicht managen«. Er stammt angeblich von Edward Deming, einem der herausragendsten Denker des Ingenieurwesens im 20. Jahrhundert. Deming war ein Statistiker, der vor allem in Japan, aber auch im Westen die Industrie enorm beeinflusst hat. Doch sein berühmtestes Zitat ist eine glatte Fälschung. Das Original besagt genau das Gegenteil: »Es ist ein Irrtum, dass man nur managen kann, was man zuvor gemessen hat, und ein teurer noch dazu!« Aber dieser Satz passt nicht in die Denkart des mechanistischen Managements. Deshalb wird Demings Satz passend gemacht – das Ergebnis ist Zahlengläubigkeit. Entstanden ist so ein Paradigma des zu Ende gehenden Industriezeitalters, an dem verbissen festgehalten wird.

Der Wissenschaftstheoretiker Thomas Kuhn hat diese Entwicklung in seinem Buch »Die Struktur wissenschaftlicher Revolutionen«[25] mit seinem Paradigma-Modell eindrucksvoll beschrieben. Was immer bleibt, ist die Vorstellung, dass die jeweilige »Wahrheit« dann in der Lage ist, nicht nur den Ist-, sondern auch den künftigen Soll-Zustand der Welt »exakt« zu beschreiben. Die Zahlen und Tabellen werden dabei immer wieder für eigene Interessen missbraucht. Zahlen sind geduldig, und sie geben nur einen Teil der Realität preis. Und selbst bei der kann man sich noch lange nicht so sicher sein, wie das am

Höhepunkt naturwissenschaftlicher Wahrheitsfindung – etwa in der Physik – der Fall zu sein schien.[26]

Um ein Bild des Nobelpreisträgers und Quantenphysik-Pioniers Werner Heisenberg zu verwenden, gilt auch in der Gesellschaft und bei Fragen der Vernunft das, was seine Unschärferelation beschreibt: dass Teile der Welt, die man misst, durch diese Messung auch verändert werden. Das Ergebnis ist nie stabil. Es ist höchstens eine Annäherung, mehr eine Ahnung als ein Fakt.

Im Determinismus »weiß« ein »Dämon«, wie es der französische Gelehrte Simon de Laplace zu Beginn des 19. Jahrhunderts dachte, einfach alles, was kommt, weil ihm alle Zahlen und Fakten der Vergangenheit und Gegenwart vorliegen. Dieser Irrglaube ist bis heute unter vielen Zahlengläubigen verbreitet. Was Laplace ironisch meinte, nehmen viele, nicht nur im Rahmen der Digitalisierung und KI, vollkommen ernst. Eine der wichtigsten Einsichten, die dieses Buch vermitteln will, lautet: Die Entwicklung der Digitalisierung hat weniger mit Technik zu tun als mit dem Denken und den Irrtümern, die ihr zugrunde liegen – und diese sind viel älter als Chips, Netzwerke und Chatbots.

Rechenkunst

Das bis heute wirksamste Gegenmittel gegen den Determinismus, gegen die Technokratie und die Irrtümer der Zahlengläubigen ist längst erfunden. Der frühe Humanismus setzt den Menschen an die erste Stelle und erweist dem Individuum und der Persönlichkeit den höchsten Respekt. Noch ist Humanismus nicht zu einem Schlagwort geworden, mit dem sich nur das konservative Bildungsbürgertum selbst schmückt (wir kommen später im Buch noch ausführlicher dazu). Am wichtigsten aber: Der Humanismus befreit den Menschen vom Schicksal. Es ist nicht mehr alles »Gottes Wille«. Man darf selber denken, sein eigenes Leben haben.

Am 15. September 1546 wird Tycho de Brahe zur Zeit des Aufbruchs dieser menschenfreundlichen Denkart geboren. Mit zwölf wird der Knabe an der Universität Kopenhagen aufgenommen, lernt Musik, Arithmetik, Dialektik und Grammatik ebenso wie Astronomie. Der Humanismus fordert Allgemeinbildung, denn niemand soll zu den Anführern gehören, der nicht die Welt von allen Seiten betrachtet hat. Erst die Zusammenhänge verstehen, dann zum Meister seiner Talente werden, das ist die Formel. Tycho de Brahes Talent war die Astronomie. Ohne Fernrohr – das erst 1608 durch Hans Lipperhey eingeführt wurde – entdeckte er Supernovae und berechnete Planetenpositionen mit einer bis heute erstaunlichen Genauigkeit. Er arbeitete für den dänischen König, dann in Prag für Kaiser Rudolph II., der wie kein Herrscher zuvor die Wissenschaften förderte.

Tycho de Brahes Werkzeug war seine natürliche Intelligenz, sein wacher Verstand, und er führte das Prinzip »messen – prüfen – messen – nochmals prüfen« ein. Nichts war irgendwann »fertig«, das Experiment ging immer weiter. Das ist die Superkraft der natürlichen Intelligenz: Sie gibt sich nicht zufrieden mit dem, was da ist. Die Neugier führt immer weiter.

Auf den Spuren Tycho de Brahes finden wir zwei junge deutsche Forscher, Johannes Kepler, der 1601 den Nachlass de Brahes erhält, und Wilhelm Schickard, der in Tübingen Hebräisch und Astronomie lehrt. Schickard wird 1624 in Nürtingen die erste Rechenmaschine bauen.[27] Weitere 18 Jahre später, 1642, konstruiert der französische Universalgelehrte Blaise Pascal – der Mathematik, Philosophie und Theologie verbindet – seine Pascaline, eine kleine Rechenmaschine, die er seinem Vater, einem Finanzbeamten, schenkt, damit der sich damit mühsames Kopfrechnen erspart.

Dafür sind Maschinen da. Sie sollen nervige Routinearbeit erledigen, damit wir in Ruhe denken können. Das reine Rechnen wurde als schwere körperlich-geistige Plage gesehen. Gottfried Wilhelm Leibniz, der deutsche Universalgelehrte, baut ab 1673 immer neue Varianten seiner *machina arithmetica*, die ebenfalls der Arbeitserleichterung dienen soll.

Erst 1694 liegt ein funktionstüchtiges Modell vor, und, was vielleicht noch wichtiger ist, die Erkenntnis des Philosophen und Mathematikers, wozu man Rechenmaschinen, also Computer, eigentlich braucht:

»Es ist unter der Würde hervorragender Menschen, ihre Zeit mit Berechnungen zu verschwenden, wenn jeder Bauer die Arbeit mit Hilfe einer Maschine genauso genau erledigen könnte.«[28]

Das ist ein Paradigmenwechsel. War Rechnen bis dahin eine – zuweilen lästige – Kunst, wurde nun eine Methode daraus, ein Muster, eine Notwendigkeit. Hier kommt der Geist der Maschine ins Spiel, die Automatisierung. Damit beginnt die Aufklärung, das Primat der Wissensarbeit. Angewandte natürliche Intelligenz ist die neue Arbeit. Ihr sind Innovationen und Methoden zu verdanken, die Routinearbeit immer mehr in die Welt der Maschinen und Automaten bringen. Der Zeitpunkt ist kein Zufall. Not macht eben auch erfinderisch. Europa an der Wende vom 17. zum 18. Jahrhundert leidet immer noch an den Folgen des Dreißigjährigen Krieges. Ihm fallen zwischen 1618 und 1648 40 Prozent der Landbevölkerung (die wiederum 80 Prozent der Gesamtbevölkerung ausmacht) und 25 Prozent der Stadtbevölkerung zum Opfer. Automatisierung und Mechanisierung, die danach ihre erste Blütezeit erleben, sind eine direkte Folge. Die Herrschenden müssen den Verlust an menschlicher und tierischer Arbeitskraft irgendwie ausgleichen – und das geht nur mit mehr Köpfchen.

Routineprozesse rücken in den Mittelpunkt, auch dort, wo es um Verwaltung, Normen, Gesetze und Regeln geht. Der moderne Staat ist eine Ansammlung von Verordnungen und Gesetzen. Diese Regeln können ebenfalls als Automatisierungsprozess verstanden werden. Denn sie verhindern, dass wir unsere Beziehungen immer wieder neu verhandeln müssen. Die aufgestellten Regeln bedürfen aber immer wieder einer kritischen Überprüfung, ob sie noch geeignet sind, ihre Aufgabe zu erfüllen, denn sonst droht Bürokratisierung.

Automatisierung durch Verwaltung führt auch zu einem Zentralstaat, zu Nationalismus und Merkantilismus. Die eigenen Märkte werden hier bevorzugt. Wen heute Donald Trumps Protektionismus überrascht, der lese nach, was die Großmächte Frankreich, Österreich und Großbritannien damals getan haben. Das 17. Jahrhundert des Sonnenkönigs Ludwig XIV. und die neuen nationalistischen Einheitsformeln des 21. Jahrhunderts sind sich näher, als es den meisten bewusst ist. Als Lösung für jegliche Form der Komplexität wird *Reduktion* im Sinne von *Konzentration* empfohlen. Das führt wie von selbst zur Abschottung und zu einem Primat einer staatlichen *Identität*, den wir Nationalismus nennen.

Gleichzeitig setzt man voll auf Technologie. Im Jahr 1666 wird die Akademie der Wissenschaften in Paris gegründet, die staatliche Förderpläne für neue technische Entwicklungen in die Welt bringt. Der französische Finanzminister Jean Baptiste Colbert wird zum Mastermind der Idee, dass Maschinen und Technik Wohlstand schaffen. Der Staat verschuldet sich dabei so enorm, dass etwas mehr als ein Jahrhundert später die Hungerrevolte der Französischen Revolution alles hinwegfegt, übrigens im Namen des unausweichlichen Fortschritts. Tatsächlich fällt das Ancien Régime, die alte Herrschaft, durch Technologie und die industrielle Revolution. Die beim Wiener Kongress tagenden Adligen Europas versuchen dies nach dem Sturz Napoleons zurückzudrehen. Doch der Geist, den die alten Adeligen mit ihrer Technologieförderung gerufen hatten, wird nicht mehr in die Flasche zurückkehren. Die Schicht, die versuchte, mit Technik ihre Macht zu stützen und auszubauen, ging daran zugrunde. Eine feine Ironie, an die auch die Managerinnen und Manager der alten Industriegesellschaft denken sollten, wenn sie versuchen, mittels KI-Hype ihre Macht zu verlängern. Genau das geschieht heute ja.

Ist Logik vernünftig?

Noch einmal kurz zurück zu Gottfried Leibniz, der ja nicht nur eine Rechenmaschine gebaut, sondern auch das binäre Zahlensystem entwickelt hat, das untrennbar mit der Digitalisierung verbunden ist.

Leibniz hatte es mit der formalen Logik, der Mutter der Informatik und der Programmiersprachen. Die formale Logik hat eine genau festgelegte Syntax, die in der Lage ist, bestimmte Aussagen als wahr oder falsch zu kennzeichnen. Das ist natürlich praktisch, wenn man rechnet. Aber ist das auch »vernünftig«?

Vernunft ist weitaus mehr als formale Logik, also die simple Frage, ob ein Ergebnis rechnerisch richtig ist, weil die entsprechenden Daten vorliegen und die Syntax stimmt. Vernunft, das haben wir schon weiter oben am Beispiel der Conditio humana gesehen, ist hohe Komplexität, die immer auch nur in dem Kontext »Sinn« macht, in der sie angewandt wird. Formale Logik ist dann praktisch, wenn es um einfache Entscheidungen geht, wenngleich die auch unter komplexen Bedingungen stattfinden.

Denken wir beispielsweise an die Sensoren und die Software eines Airbagsystems, das ziemlich viele Parameter berücksichtigen muss, die aber alle nur eine Entscheidung kennen: auslösen ab einem gewissen Schwellenwert oder nicht. Wo es um Entweder-oder geht, um Richtig und Falsch in einem ganz allgemeinen Sinn, ist die formale Logik das Mittel der Wahl. Eine vernünftige Debatte, die alle Pros und Kontras eines auslösenden Airbags auf Mensch, Umwelt und Inneneinrichtung des Autos berücksichtigen würde, wäre zwar interessant, aber mutmaßlich würde sie kein Teilnehmender überleben.

Ingenieure, Mathematikerinnen, Physiker, aber auch Betriebswirtinnen arbeiten vorwiegend mit den Mitteln der formalen Logik. Sie leben in einer formallogischen Kultur, in der sie mit einer eindeutigen Sprache eindeutige Dinge tun. Das ist – siehe Airbags oder Maschinenbau – auch ganz richtig. Aber mit der Komplexität menschlichen Alltags hat das nur sehr bedingt zu tun. Da sind Sachverhalte nicht berechenbar, vorhersehbar, planbar und eindeutig. Wenn man nun trotzdem versucht, diese andere Dimension des Denkens mit formallogischer Eindeutigkeit zu durchdringen, denkt man direkt am Objekt vorbei. Für den Computerwissenschaftler Joseph Weizenbaum lag in der Festlegung des formallogischen Denkens als wichtigster Form der

Intelligenz einer der großen Denkfehler der Moderne. Die formale Logik wird in den Naturwissenschaften regelmäßig mit Vernunft verwechselt. Weizenbaum verweist auf den englischen Denker Francis Bacon, dessen Satz »Wissen ist Macht« (aus seinem Werk *Novum Organum*) jedes Kind kennt: »Vielleicht seit Francis Bacons Mißverständnis der ursprünglichen Verheißung der Wissenschaft hat der Mensch sich dazu verführen lassen, ein Zeitalter der Vernunft zu ersehnen und dafür zu arbeiten, wobei jedoch seine Vision von Vernunft von Anfang an tragischerweise so verzerrt war, daß er sie mit logischem Denken gleichsetzte.«[29]

Leute, die mit Zahlen und nüchternen Fachcodes reden, halten wir für vernünftig. Sind sie es? Die deutsche Denkerin Hannah Arendt erkannte das Problem, dass Manager und Technokraten heute glauben, jedes menschliche Problem – bis hin zum kriegerischen Konflikt – ließe sich durch »ganze Horden professioneller Problemlöser [...] bewältigen.«[30] Weizenbaum zitiert Arendts Text *Crises of the Republic* aus dem Jahr 1973, in dem sie die Berater und Coaches im Pentagon beschreibt: »Sie waren nicht unbedingt intelligent, brüsteten sich jedoch damit, ›rational‹ zu sein [...] Sie waren beständig auf der Suche nach Formeln, am besten nach solchen, die sich einer pseudo-mathematischen Sprache bedienten, mit denen sich die disparatesten Erscheinungen auf einen Nenner bringen ließen, der für sie die Wirklichkeit darstellte [...] das heißt, sie wollten ständig Gesetze auffinden, mit denen man politische und historische Tatsachen erklären und prognostizieren konnte, als ob diese mit derselben Notwendigkeit und somit Verläßlichkeit erfolgten, wie dies früher die Physiker von den Naturereignissen glaubten [...] Sie beurteilten nicht, sondern sie berechneten.«[31]

Sie beurteilten nicht, sie berechneten, und, so muss man hinzufügen, sie rechneten sich auch auf ein vorherbestimmtes Ziel hin. Die Menschen, die Arendt in ihren Beobachtungen im Pentagon fand, hatten eigentlich keine praktischen Problemlösungen, aber für alles eine Tabelle und immer eine Summe parat. Im Grunde genommen gehört diese Erkenntnis zum Alltagswissen. Wir lernen schnell, dass etwa Prognosen und Entwicklungen sehr oft nicht eintreten, sondern schlicht nur dem Vergessen anheimfallen. Es sind zu viele zu unberechenbare Elemente an ihnen beteiligt, die sich jeglicher Vorhersage entziehen. Die Mathematik unterstützt die formale Logik, aber sie gibt keine Antworten, wenn es um komplexe Probleme geht. Die unangenehme Einsicht dahinter ist und bleibt, dass Menschen sich nicht auf ihr Formelwerk, ihre Maschinen und damit auch nicht auf »künstliche Intelligenz« verlassen können, wenn es um komplexe Fragen geht. Hier bleibt das Risiko des Entscheidens und (Richtig-)Verstehens bei uns. Das ist kein angenehmer Gedanke, zumal er an und für sich schon eine enorme Herausforderung an die natürliche Intelligenz ist. Und es zwingt auch noch dazu, über die Grenzen der eigenen Fächer hinauszudenken, sich also einer anderen Sprache, einer anderen Denkkultur zu stellen, kurz Neuem, was stets aufwendig ist und unbequem. Zahlen bieten den Zahlengläubigen Sicherheit und Komfort. Und Spezialistentum verstärkt das noch.

Im Jahr 1847 schreibt Karl Marx: »Was die Arbeitsteiligkeit in der modernen Gesellschaft charakterisiert, ist die Tatsache, daß sie die Spezialitäten, die Fachleute und mit ihnen den Fachidiotismus erzeugt.« Das ist eine sehr schöne Zusammenfassung der Tatsache, dass etwas äußerst Praktisches durch unbewussten Gebrauch schließlich zu einer Dummheit werden kann, wenn man nur in Eindeutigkeiten denkt, also eigentlich denkfaul ist.

Der Begriff *Arbeitsteiligkeit* stammt aus dem Anfang des 18. Jahrhunderts, erstmals dokumentiert vom englischen Generalinspekteur für die Britische Ostindien-Kompanie Henry Martin. Die »Division of Labour« beschrieb damals ziemlich genau das Konzept, das wir auch heute gut kennen: In Billiglohnländern produzieren lassen und das Ganze dann mit höherem Gewinn auf die wohlhabenden Endmärkte bringen. Damals ging es um Textilien aus indischer Baumwolle für die britischen Märkte, 300 Jahre später um Güter aller Art aus China und Co. Doch gute Gründe sprachen dafür, nur die Rohstoffe aus Indien nach England zu bringen und dort weiterzuverarbeiten. Hätte sich

Martins ursprüngliches Konzept durchgesetzt, wäre die Industrialisierung in England im 18. Jahrhundert nie losgegangen – und vielleicht wäre Indien die »Werkstatt der Welt geworden«, wie man 150 Jahre später die führende Industrienation England nannte. So aber wurden die Rohstoffe Indiens geplündert und die billigen Arbeitskräfte ausgebeutet – und der Westen wurde reich.

Nun gab es auch schon vor der Industrialisierung Arbeitsteiligkeit, hoch entwickelt wie etwa bei Architekten, Juristen, Kaufleuten. Doch sie verfügten nun nicht mehr wie Tycho de Brahes Spezialisten über breite Allgemeinbildung, sondern wurden immer öfter »nur mehr« auf eine Sache hin ausgebildet. Das ist der springende Punkt: Allgemeinbildung ist das Interface, die Anschlussfähigkeit zu anderen Berufsfeldern und Denkkulturen. Leute, die nur eindeutig denken können, sind ebenjene Fachidioten, die den Nutzen der Arbeitsteiligkeit und Spezialisierung an und für sich nicht begriffen haben und meinen, es bräuchte eine gewisse Eindeutigkeit. Das ist nicht nur ein Problem der Naturwissenschaften heute, auch andere Fächer neigen dazu. Wie in dem Sprichwort: Für einen Hammer sieht alles wie ein Nagel aus.

In der Industrialisierung wird diese Beschränktheit im Denken normal: Aus Universalgebildeten mit einem oder einigen Schwerpunkten wurden zusehends Talente in einer Sache, in einem Feld, in einer Denkart, in einer Disziplin. Dieser Vorgang erstreckte sich über viele Jahrzehnte. Aus Handwerksmeistern wurden Fachingenieure, die für die Herausforderungen immer besserer und leistungsfähigerer Maschinen und Herstellungsverfahren ausgebildet wurden. Die ersten »Engineers« wurden in England um das Jahr 1740 registriert, und sie waren alle für die frühen Dampfmaschinen zuständig, die das Wasser aus den Bergwerken pumpten. Unter der Erde wurde nicht mehr nur nach Erz gegraben, sondern zunehmend nach Kohle, die man für den Betrieb der Dampfmaschinen brauchte. Dieser Prozess dauerte aber lange, und der Umstand, dass die regelbare Watt'sche Dampfmaschine im Jahr 1769 patentiert wurde, bedeutet keineswegs, dass ab hier schlagartig alles anders geworden wäre. Noch bis zum Ende der 1820er-Jahre war die Wasserkraft die bedeutendste Kraftquelle Europas. Die Dampfmaschine aber war standardisiert, sie konnte immer laufen, solange genug Brennstoff vorhanden war, und sie konnte als Universal-Kraftmaschine eingesetzt werden.

Kraft wurde dringend gebraucht. Der französische Historiker Fernand Braudel errechnete einmal eine Gesamtleistung an Pferdestärken für Europa am Vorabend der Französischen Revolution: Nimmt man alle menschliche (50 Millionen Arbeiter bei einer Gesamtbevölkerung von etwa 120 Millionen Menschen) und tierische Kraft (14 Millionen Pferde und 24 Millionen Rinder) zusammen, zählt die Menge an Holz und Brennstoffen hinzu, Wind- und Wasserkraft sowie die Leistung aller Segelschiffe, dann ergibt das unterm Strich eine Leistung von weniger als 20 Millionen PS – eine Energiemenge, so gering, dass sie heute eine mittlere Kreisstadt vor Probleme bei der Grundversorgung stellen würde.

Die Industriegesellschaft ist die Ära der Arbeits- und Kraftmaschinen, sie bestimmen zusehends das Denken. Gut ist, was stark ist, nicht schlau. Gut ist, was groß ist, nicht clever. Der Idee der Mechanik, also Arbeit, Kraft, Bewegung, muss sich alles andere unterordnen. Das ist nur dadurch erklärbar, dass die Ursachen – die Ideen und Innovationen der industriellen Revolution – bei Weitem nicht so ernst genommen wurden wie die harte Arbeit, die die Menschheitsgeschichte bis dahin prägte. Und Ideen, abstrakte Güter also, kann man nicht anfassen, nicht »be-greifen«. Damit tun sich Menschen aus Fleisch und Blut schwer. Wie sieht ein Gedanke aus? Wie schwer ist er? Wie groß? Wir denken in Mechaniken, die uns die Sicht auf die natürliche Intelligenz versperren.

Der Materialismus, der mit der Industrie kommt, erklärt die Welt durch Mechaniken. Am Hof Friedrichs II. in Preußen, der die nüchternen Eliten der Aufklärung um sich versammelt, lebt auch der aus Frankreich geflüchtete Julien Offray de La Mettrie oder kurz: La Mettrie, ein Arzt, radikaler Atheist und Materialist. Sein berühmtestes

Werk entsteht zur Mitte des 18. Jahrhunderts und heißt *Der Mensch als Maschine.* La Mettrie will damit sagen, dass wir nicht, wie die Kirche behauptet, Kinder der Schöpfung sind, sondern eben Kinder der eigenständigen kulturellen und persönlichen Entwicklung. Aber schon seine Zeitgenossen lesen das anders: Das Gehirn ist eine Mechanik, wie ein Uhrwerk. Man kann es reparieren und einstellen. Menschen sind eben auch nur Maschinen.

So denken auch die KI-Singularisten, die davon ausgehen, dass künstlich intelligente Systeme und natürliche Intelligenz ein und dasselbe sind, jedes Gehirn also eine Maschine ist, bei der es nur darum geht, ihre Mechanik zu verstehen, um sie bauen zu können. Der intelligente Roboter ist nur eine weitere Evolutionsstufe, aber eine, die nicht mehr krank wird und nicht mehr sterben kann – und mit KI auch noch schlau. Der Mensch ist mangelhaft und voller Fehler, und sterblich ist er auch noch. Wer Angst vor dem Tod hat, sehnt sich ein solches Märchen herbei. Und genau das ist die Grundlage der Visionen der reichen alten Männer im Silicon Valley, die alles haben können – nur eben eines nicht: Unsterblichkeit.

Für Menschen mit viel Macht und Möglichkeiten ist es eine Kränkung, sterben zu müssen. Und es ist für Menschen, die sich ihrer Sterblichkeit bewusst sind, wiederum entwürdigend, wenn ihre Leistungen, ihr Menschsein, mit Automaten und Maschinen verglichen werden. Das geschieht seit der Industrialisierung unaufhörlich.

Der deutsche Philosoph Günther Anders wird zur Mitte des 20. Jahrhunderts seine frustrierenden Erfahrungen als Fabrikarbeiter – während seiner Emigrationszeit in den USA – als »prometheische Scham«, als Kränkung, beschreiben und in seinem Hauptwerk *Die Antiquiertheit des Menschen* ausführen. Immer ist die Maschine, der Automat, in Sachen Routinearbeit schneller und besser als der Mensch, der verzweifelt versucht, mit ihr Schritt zu halten. Die Seele leidet, weil sie nicht im Reinen ist mit ihren Werken. Und weil die Menschen nicht an erster Stelle stehen, ohne Wenn und Aber. Wo Menschen und ihre Arbeit mit Automaten konkurrieren müssen, um nicht ihre Existenzberechtigung zu verlieren, ist die Kränkung verständlich. Das Primat der natürlichen Intelligenz beruht auf der Unantastbarkeit der Würde des Menschen, auf unbedingtem Respekt. Mensch vor Maschine. Heute ist es umgekehrt.

Wir müssen uns klarmachen, dass dieser Zustand auf Dauer nicht erträglich sein kann, außer in geistiger Apathie. Wer bewusst – erwachsen – leben will, kann sich nicht damit abfinden, dass Technologien eben nicht der Verbesserung unserer Lebensumstände dienen, sondern nur die Mehrheit der Menschen zu einem lästigen Anhängsel degradieren in einer Welt, die ausschließlich die perfekte Berechnung akzeptiert – und alles andere zur Störung erklärt.

3

Mustermaschinen.

Warum wir an Routinen glauben

»Die Poesie der Waschmaschine
Besteht darin, dass man Zeit gewinnt,
Zum Beispiel, um Gedichte zu lesen,
Die ihrerseits nicht ersetzbar sind
Durch einen Halb- oder Ganzautomaten«

Eva Strittmatter, »Dank«

Türken, was das Zeug hält

Es gibt Wörter, die passen nicht mehr in die Zeit, weisen aber den richtigen Weg. Nehmen wir einmal den umgangssprachlichen Ausdruck für *vortäuschen, fälschen*, der seit dem 19. Jahrhundert bei den Gebrüdern Grimm nachweisbar ist: *türken*. Wer etwas *türkt*, der täuscht und manipuliert.

Das Wort, das seit einigen Jahren das umstrittene *türken* ersetzt hat, stammt aus dem Amerikanischen und heißt *fake* – eng verwandt mit dem deutschen *fegen* im Sinne von *polieren*. *Fake* ist zweifelsohne ein Schlüsselbegriff der Digitalisierung, der KI, ihrer Protagonisten und Opfer.

Dass man *etwas türkt*, wenn man etwas fälscht, ist eine Wortschöpfung des Maschinenzeitalters. Vor 250 Jahren war Europa ganz vernarrt in mechanische Automaten. Reiche Leute unterhielten ganze *Kabinette*, umfangreiche Sammlungen voller teurer Maschinen, die Bewegungen »wie von Zauberhand« vollführten. Die Automaten imitierten die Natur. Lebensgroße, aus Metall gefertigte Enten, die watschelten und quakten, waren eine Sensation in den Salons. Auch unser Bild dessen, was ab dem frühen 20. Jahrhundert[32] *Roboter* genannt wurde, ist geprägt durch die mechanischen Wunderwerke – oft menschenähnliche Figuren, aus Metall und Stoff gebaut.

Eines der berühmtesten Beispiele lieferte der österreichisch-ungarische Mechaniker und Beamte Wolfgang von Kempelen, der 1781 am Kaiserhof in Wien eine Maschine vorstellte, die später in der Zeitschrift *Reichs-Postreuter*[33] so beschrieben wurde:

»Die Maschine stellet einen Mann von natürlicher Größe vor, der Türkisch gekleidet ist, und vor einem Tische sitzet, auf welchem ein Schachbrett stehet. Dieser Tisch, der beyläufig drey und einen halben Schuh lang, und zween und einen halben breit ist, stehet auf vier Füßen, die unten kleine Rollen haben, damit man ihn desto bequemer von einer Stelle zur andern führen kann, welches der Herr Erfinder auch von Zeit zu Zeit thut, um allen Verdacht, einer Gemeinschaft unter dem Tische, zu vermeiden. In einiger Entfernung von dieser Maschine befindet sich ein gewöhnlicher kleiner Tisch, auf welchem ein versperrtes Kästchen stehet, welches aber mit der Maschine nicht die geringste Gemeinschaft hat. Sowol der Tisch, als die Maschine selbst, sind voller Räder, Hebel und Springfedern.«

Der »Schachtürke« war atemberaubend. Der Automat ratterte und klingelte unaufhörlich, und der kunstvoll gestaltete Roboterkopf bewegte sich nach dem Vorbild echter Menschen. Und er gewann fast jede Partie. Schachmeister aus aller Welt wurden zu Hofe geladen, um gegen die Maschine anzutreten. Und bereitwillig öffneten von Kempelen und seine Assistenten den staunenden Zuschauern den Kasten, aus dem der Oberkörper des Schachtürken ragte, um zu zeigen, dass tatsächlich nur »Räder, Hebel und Springfedern« in seinem Inneren rasselten. Kaiser, Großfürsten und sogar Napoléon Bonaparte samt Verwandtschaft hielten den Schachtürken für ein Wunder, eine denkende Maschine, also eine künstliche Intelligenz, lange bevor dieser Begriff zur Mitte des 20. Jahrhunderts etabliert wurde. Erst im Jahr 1838 wurde der Schwindel entlarvt. Abgelenkt vom Klimbim der Federn und Mechaniken an der Oberfläche achtete niemand auf das Offensichtliche: Hinter der künstlichen Intelligenz verbarg sich eben doch ein Mensch mit seinem natürlichen Verstand, ein brillanter Schachspieler im Inneren der Maschine, der unentdeckt blieb. Das Wunder war »getürkt«.

Optische Täuschungen

Wir sind heute kaum klüger als unsere Vorfahren. Wir lassen uns leicht täuschen. Und wir glauben, was wir sehen. Unser visueller Sinn hat sich evolutionär sehr bewährt. In den Savannen Afrikas, wo der Mensch lernte, aufrecht zu gehen, waren es unsere Augen, die Raubtiere im Gras zu unterscheiden wussten, die sahen, wenn Beutetiere am Horizont auftauchten. »Ich sehe das« bedeutet »Ich habe verstanden, erkannt«, und wenn wir etwas genauer wissen wollen, dann müssen wir uns das »nochmal genauer ansehen«. Und wer blind für den Fortschritt ist, sieht das Offensichtliche nicht.

Es ist kein Zufall, dass in den 1980er-Jahren, als der Massenmarkt an Personal Computern startete, die Marketingleute WYSIWYG als Parole ausgaben, also »What you see is what you get«.

Auf den Schwarz-Weiß-Monitoren erschienen Papier- und Buchseiten, fast wie echt. Das war auch, was der Drucker ausspucken sollte. Danach übernahmen die grafischen Benutzeroberflächen die Aufgabe der unübersichtlichen Kommando- und Befehlszeilen der Rechner zuvor. Der PC imitierte immer öfter und immer deutlicher das, was bereits da war, die wirkliche, stoffliche Welt, und die Menschen begannen, diese Nachahmung mehr und mehr mit der Realität zu verwechseln.[34]

Fakes wie der Schachtürke bauen auf dem Muster des *Sehen-ist-Erkennen* auf, das uns die Evolution verpasst hat. Nur interpretiert unser Gehirn das, was die Augen sehen, und setzt es in einen Zusammenhang zu dem, was wir bereits kennen. Die Welt wird in unsere Muster gepresst. Neues sehen – im Wortsinn – ist sehr schwierig und macht Mühe – wir nennen es *lernen*. Menschliches Lernen überwindet Muster, maschinelles Lernen besteht daraus. Das ist ebenfalls ein fundamentaler Unterschied. Deshalb ist es im Grunde falsch, von »maschinellem Lernen« zu sprechen, es handelt sich vielmehr um Mustererkennung.

Dabei haben wir ein Problem: Die akademische und die nichtakademische Welt konzentriert sich rund um den Begriff der Wirtschaft und auch der Innovation stets auf die Routinearbeit, die Industriekultur, das Denken in festen Abläufen. Die Wissensökonomie hingegen ist kaum von der Forschung kartografiert. »Wir verstehen noch nicht genau, wie sich das Wissen als wirtschaftliche Ressource verhält«, schrieb Peter Drucker 1993 – als das Internet ins Laufen kam. Dabei war schon klar, »dass wir eine solche Theorie brauchen, denn nur sie allein kann Wirtschaftswachstum und Innovation erklären«, so Drucker. Aus allem, was wir wissen, erläuterte Drucker damals – und das gilt bis heute ungebrochen –, »ergibt sich ganz eindeutig, dass sich die wissensbestimmte Wirtschaft nicht so verhält, wie sich eine Wirtschaft nach den bestehenden Theorien [der Industriegesellschaft, Anm. des Verfassers] verhalten müßte.« Alles, was wir wissen, ist: »Reichtum produziert heute (fast) nur noch die Information und das Wissen.« Dabei muss man lernen zu unterscheiden: Die »Computerindustrie« ist eben keine Wissensindustrie. Geld macht man mit Ideen und Patenten, mit Wissen, das von anderen umgesetzt wird.

In den 1990er-Jahren war es klar, dass Wissen der treibende Motor der neuen Ökonomie war. Wir haben seither Rückschritte gemacht. Es wird vor Deindustrialisierung gewarnt, wo wir eigentlich einen Mangel an Innovation und Ideen haben, also an Wissensarbeit. Die Wissensökonomie baut auf immateriellen Gütern, Ideen, Einfällen, Lösungen, auf Kreativität auf – kurz auf der natürlichen Intelligenz, auf Abstraktion. Wie beim WYSIWIG sind wir also wieder bei der Gefahr, dass das, was materiell ist, das Geistige als zweitranging erscheinen lässt, und das führt dazu, dass wir auch nicht lernen, mit Wissen als Ressource des Wohlstands vernünftig umzugehen.

Anfangs versorgte die Industrie die Menschen mit dem Nötigsten, die Grundbedürfnisse werden abgedeckt, aber in den folgenden Wellen geht es um viel mehr: Neue Bedürfnisse werden erst geweckt und dann befriedigt, Marketing und Reklame bestimmen, was wichtig ist. Aus der Industrie der Gegenständlichkeit wird eine Konsumgesellschaft, die ideengetrieben ist, denn auch künstlich erzeugte Ideen sind Wissensgüter. Aber sie sind vielfach leicht verwechselbar, machen keine großen Sprünge in Richtung Innovation. Sie sind Routinen viel näher als Innovationen. Und unsere Kultur klammert sich daran wie an alte Arbeitsmuster und Lebensentwürfe. Je unsicherer die Welt um uns ist oder auch nur erscheint, desto mehr ziehen wir uns geistig zurück, aber genau das führt uns in noch schwierigere Lagen. Wenn sich etwas als nicht mehr richtig erweist, sei es eine Form des Wirtschaftens, Arbeitens oder Zusammenlebens, dann braucht es Mut, sich das einzugestehen. Neues ist gleichbedeutend mit höherem Risiko, denn es ist nicht erprobt und bewährt. Auch wenn es nicht gut ist, es könnte schlimmer werden. Menschen, die nur in ihren Mustern und Sicherheiten verharren, denken wie in dem alten Witz, in dem der Unterschied zwischen einem Pessimisten und Optimisten erklärt wird. Der Pessimist glaubt, »es kann nicht schlimmer kommen«, der Optimist aber sagt: »Doch, das geht.« Kompliziert ist und bleibt es, weil an diesem Denken ja was dran ist. Wenn wir mit blindem Vertrauen an Technik herangehen und keine Folgenabschätzung betreiben, ist die Gefahr, dass der Optimist recht behält, groß. Umgekehrt sind übertriebene Bedenken auch kontraproduktiv. Auch hier hilft nur nüchternes Wissen und ruhige Betrachtung. Muster sind, wie Standards und Normen, hilfreich. Wenn sie aber eine Kultur bestimmen, sind sie Denkschleifen, die nur schwer zu verlassen sind.

Hier erinnern wir uns nochmals daran, dass wir in einer Kultur leben, die maßgeblich von der Industrie geprägt ist, von ihren Routinen, ihrem Denken, ihrer Kultur. Die Welt der Industrie lebt von der Automatisierung, auch des Denkens, also von Mustern. Das geht früh los.

Im Juli 1752, im anschwellenden Zeitalter der Automaten und der Routine, kommt in Lyon Joseph-Marie Jacquard zur Welt, dessen Beitrag zur industriellen Revolution und zu unserem Denken in den immer gleichen Mustern von entscheidender Bedeutung sein wird. Sein Anteil wirkt auf den ersten Blick ganz unschuldig. Jacquard ist der Sohn eines Webers. Wie vor ihm Blaise Pascal sieht er, wie sich Vater und Mutter abplagen, vor allen Dingen mit dem Ablesen der Muster, aus denen die mechanischen Webstühle der Familie Jacquard Stoffe für die feinen Leute herstellen. Joseph-Maries Vater Jean-Marie versucht immer wieder, die mühseligen Arbeiten bei der Erstellung der Muster der Stoffe zu automatisieren, aber er bleibt dabei erfolglos.

Erst dem Sohn gelingt es um 1800, diesen Prozess in den Griff zu kriegen. Er führt dazu einen Papierstreifen ein, der aus Karten besteht, auf dem die zu webenden Muster in Lochform gestanzt sind. Nun können beliebig lange Stoffbahnen mit beliebig gestalteten Mustern gewoben werden. Die Maschine arbeitet die Routinen ab. Gelesen wird das Muster nach dem Prinzip des Herrn Leibniz, ein Loch in der Karte hob die Kettfäden an, kein Loch führte den Schussfaden, am Ende stand das Muster. Null, eins, digital, binär.

Jacquards Webstühle laufen auf Hochtouren und machen Frankreich reich. Es gibt Schätzungen, dass nach der Erstellung erster Prototypen um das Jahr 1803 innerhalb weniger Jahre mehrere Zehntausend Jacquard-Webstühle in Frankreich im Einsatz waren. Auch das ist eine der vielen Geburtsstunden der Digitalisierung.

Dass Menschen in Mustern denken, ist natürlich nicht neu – wie die kleine Geschichte des Sehen-ist-Erkennen oben zeigt. Aber die Entwicklung verdichtet sich in nur wenigen Jahrzehnten zu jener allgemeinen Sicht auf die Welt, die wir auch heute noch pflegen: Es geht um das Abarbeiten von Routinen, das Erledigen, das Ver-Arbeiten.

Die Datenverarbeitung ab Jacquard ermöglicht den weiteren großen Schritt – die Automation der Massenproduktion. Noch ist das kein großes soziales Thema: Die Manufakturen, die sich gerade zu Fabriken entwickeln, den Organisationen der ersten Welle der Industrialisierung, brauchen jede Menge Arbeiterinnen und Arbeiter. Aber einige ahnen, was da auf sie zukommt – die Ludditen in England, benannt nach ihrem geheimnisvollen Anführer Ned Ludlam, üben sich in »Rage Against the Machine«, in der Wut gegen die Maschine oder auch der Maschinenstürmerei. Sie wissen, dass sie mit Einführung der Automatisierung in der Textilindustrie bald schon überflüssig werden. Das ist eine sehr weitsichtige Erkenntnis. Die sozialen Debatten drehen sich ja bis heute vor allen Dingen um die Frage, wie technologische Transformationen »sozial abgefedert« werden können – eine merkwürdige Phrase, denn im Inneren der digitalen Fabriken finden sich heute ohnehin kaum noch Arbeitskräfte so wie früher; die Zahl der Industriearbeiterinnen und -arbeiter ist deutlich kleiner als die der wissensbasierten Dienstleister, also der klassischen Wissensarbeitenden.

In Deutschland war im Jahr 1960 fast die Hälfte aller Arbeitnehmenden in der Industrie beschäftigt. Etwas mehr als sechs Jahrzehnte später hat diese Rolle die wissensbasierte Dienstleistung übernommen, der rund 46 Prozent aller Erwerbstätigen zuzuordnen sind. Dabei wird die Zahl der Industriearbeiter sogar noch künstlich hochgehalten; kein anderes EU-Land frisiert die Zahlen der Industriearbeiterinnen und -arbeiter so sehr nach oben wie Deutschland. Schon vor 20 Jahren stellte der renommierte Wirtschaftswissenschaftler Werner Plumpe aus Köln fest: »Weder werden im industriellen Sektor die meisten Werte geschaffen, noch findet hier ein größerer Teil der Bevölkerung seine Beschäftigung.«[35] Aber weil die Politik die Industrialisierung und ihre Mechanik zur Staatsräson erhoben hat, gibt es trotzdem kein Entrinnen. Unsere Probleme sind weder Maschinen noch Computer noch digitale Informationstechnologien, sondern eine auf falscher Logik aufbauende, mechanistische Kultur, die uns alles nur mit den Augen der Routine und der Wiederholung sehen lässt.

Die analytische Maschine

Wir sehen die Welt nicht, weil wir nicht genau hinsehen. Das gilt auch für jene, die das System der industriellen Mechanismen nicht nur wie kaum jemand anderer erkannt haben, sondern auch kreative Schlüsse daraus gezogen haben. Bei Jacquard ist das so – und nur zwei, drei Jahrzehnte später beim englischen Computerpionier Charles Babbage.

Babbage, der Sohn wohlhabender Eltern, studierte in Cambridge Mathematik und Chemie, war aber auch ein herausragender Philosoph, ein humanistischer Geist, an dem Erasmus von Rotterdam seine Freude gehabt hätte. Gleichzeitig war er so engagiert und schlau auf dem Gebiet der Astronomie, dass der berühmteste Vertreter des Faches im 19. Jahrhundert, Sir William Herschel, 1824 mit ihm die Royal Astronomical Society gründete. Und dann galt Charles Babbage auch noch als so kunstsachverständig, dass er in mehreren führenden Gremien – etwa der American Academy of Arts and Science – Ehrenämter bekleidete. Und er war in all diesen unterschiedlichen Bereichen anerkannt. Die Spezialistensilos von heute sehen anders aus, sind geistig eng. Das über den eigenen Sachverstand hinausgehende Talent ist selten geworden, von Überschätzung des eigenen Urteilsvermögens mal abgesehen.

Babbage war besonders an der Arbeitsteiligkeit interessiert, an der Art und Weise, wie sich durch Spezialisierung von Arbeitskräften in den Fabriken auf bestimmte, genormte und ausbildungstechnisch reproduzierbare Tätigkeiten Kosten sparen und gleichzeitig Ausstoß und Menge erhöhen ließen. Das Babbage-Prinzip, das bis heute gelehrt wird, zeigt, dass sich die immer weiter gehende Aufteilung von Arbeitsabläufen und Prozessen in einer erheblichen Reduktion der Lohnkosten niederschlägt.

Bekannt wurde Babbage aber zunächst durch die Entwicklung einer Rechenmaschine. Sie diente Versicherungen zur Erstellung von Sterbetabellen zum Zweck der Risikoberechnung. Seine »Difference Engine No. 1« ist noch kein Computer im eigentlichen Sinne. Sie ist ein mechanischer Apparat, dem 1837 das Konzept der »analytischen Maschine« (AE) folgen sollte. Mehr als 55.000 mechanische Teile waren vorgesehen, die sich auf drei Metern Höhe und 19 Metern Länge erstrecken sollten, Dimensionen, wie sie mehr als 100 Jahre später von den ersten großen Röhrencomputern eingenommen wurden. Die AE wurde durch Lochkarten gesteuert – die aus Jacquards Erfindung der programmierbaren Muster-Webstühle entlehnt waren. Der Arbeitsspeicher dieses Monstrums betrug in etwa 20 Kilobyte (20 × 1024 Bit). Als Antrieb für das Rechenmonster war eine eigene Dampfmaschine geplant. Auch wenn Babbage die Maschine für klare Zwecke konstruierte, wäre sie imstande gewesen, alles zu rechnen, was man ihr aufgab.

Erst 99 Jahre nach Babbage wird der englische Mathematiker Alan Turing im Jahr 1936 in seinem Werk *On Computable Numbers* die Kriterien für »alles rechnen, was man rechnen kann« genau definieren – ein zentrales Merkmal ist die freie Programmierbarkeit. Solche Maschinen können alles, was man ihnen eingibt, jedenfalls solange unter »alles« Rechenroutinen verstanden werden. Diese Form der semantischen oder linguistischen Maschine[36] ist aus der Perspektive der Mathematik und damit der formalen Logik eine Universalmaschine. Dieser Begriff ist allerdings irreführend. *Universal* meint hier eben nur das Berechenbare in den Grenzen der formalen Logik. Es hat mit Denken, Neugierde, Innovationskraft aus eigenem Antrieb nichts zu tun, den Merkmalen natürlicher Intelligenz. Das war zu Babbages Lebzeiten bekannt, vielleicht sogar bekannter, als es heute ist.

Ada Lovelace, Heldin der natürlichen Intelligenz

Über Umwege erfuhr die englische Mathematikerin Augusta Ada King-Noel, Countess of Lovelace, (kurz Ada Lovelace genannt) von Babbages analytischer Maschine und verfasste einen so grundlegenden Kommentar dazu, dass sie heute als Mutter aller Programmiererinnen und Programmierer gilt. Sie war aber sogar noch weitaus mehr. Sie erkannte die Zusammenhänge zwischen Jacquards Lochkarten-Technik und Babbages Universalrechner, sie verstand auf Anhieb, was bis heute vielen KI-Fans verborgen bleibt: dass Computer praktisch sind, dass sie Universalmaschinen sind, aber nicht denken können.

»Die Analytische Maschine erhebt keinen Anspruch darauf, etwas entstehen zu lassen. Sie kann alles tun, was wir ihr zu befehlen vermögen, sie kann einer Analyse folgen, sie hat jedoch keine Fähigkeit zur Erkenntnis analytischer Verhältnisse oder Wahrheiten.«[37] Ada Lovelace ist damit die Heldin der digital Erwachsenen, die natürliche und künstliche Intelligenz klar unterscheiden können. Ihre männlichen Kollegen, die sich selbst immer zuständig fühlten für höher, weiter, schneller und all das mit »klüger« verwechselten, erkannten das nicht. Lovelace sah sich hingegen die Sache ruhig an, analytisch, mit den Mitteln der Vernunft also, und verstand, dass hier ein universelles Werkzeug vorlag, aber keineswegs jene Erkenntnismaschine oder Wahrheitsapparatur, zu der nach ihr so viele die digitale Technik machen wollten.

Dass Babbage und Lovelace von ihrer Zeit nicht gehört wurden, lag an falschen Prämissen und alten Vorurteilen. Lovelace wurde schon deshalb nicht ernst genommen, weil sie eine Frau war – wen kümmerte schon, dass ihr Verstand heller, wacher, schärfer und vernünftiger war als der ihrer männlichen Kritiker? Man ließ sich vielleicht noch von einer Frau, Queen Victoria, regieren, solange die so dachte und handelte wie ein Mann. Man wollte Kohle fördern, Baumwolle verarbeiten, später Öl aus dem Boden holen und Stahl kochen, denn das war noch irgendwie zu begreifen. Für Vernunft hingegen war keine Zeit.

Wer aber digital erwachsen werden will, muss mehr Ada Lovelace wagen.

4

Die Zählmaschine.

Warum wir lernen müssen, die Qualität wieder zu lieben

»Die große Tragödie der Wissenschaft – die Erledigung einer wunderschönen Hypothese durch eine hässliche Tatsache.«

Thomas H. Huxley, 1870

»Insofern sich die Sätze der Mathematik auf die Wirklichkeit beziehen, sind sie nicht sicher, und insofern sie sicher sind, beziehen sie sich nicht auf die Wirklichkeit.«

Albert Einstein, 1921[38]

»Die einfache Arbeit [...] setzt voraus, daß die Menschen durch die Unterordnung des Menschen unter die Maschine [...] gleichgemacht sind, daß die Menschen gegenüber der Arbeit verschwinden, daß das Pendel der Uhr der genaue Messer für das Verhältnis der Leistungen zweier Arbeiten geworden, wie er es für die Schnelligkeit zweier Lokomotiven ist [...] Es handelt sich nicht mehr um die Qualität. Die Quantität allein entscheidet alles: Stunde gegen Stunde. Tag gegen Tag.«

Karl Marx, 1847[39]

Effizienz entscheidet alles

Liest man das Marx-Zitat, dann erkennt man, wie klar die Sache schon mal gesehen wurde: Gleichmacherei, Quantität – das galt dem Philosophen als nicht menschengerecht. Seine Epigonen, das ist die Ironie der Geschichte, haben diese Unmenschlichkeiten ins Extrem wachsen lassen. Die Welt, die Marx beschreibt, der Industrialismus, sie kann mit Vielfalt und Diversität nicht umgehen, sie duldet sie höchstens, wenn es um den Absatz ihrer Produkte und Dienstleistungen geht. Das war schon in der ersten Hälfte des 19. Jahrhunderts so. Und heute findet sich unter dem dünnen Lack der Werbung und des Marketings, wo Unterschiede behauptet werden, allzu oft die gleiche, billige, beliebige Qualität.

Wo ist der große Qualitätssprung durch die Digitalisierung? Sind die Produkte tatsächlich so viel besser geworden, langlebiger, persönlichen Wünschen und Vorlieben angepasster? Oder ist die Technologie doch nur dazu da, mehr Massenware auszustoßen, und das billiger, effizienter.

Wer aber den Computer so denkt wie eine Dampfmaschine, landet unweigerlich dabei, die Räder und Kessel der alten Zeit in Algorithmen und automatisierte Prozesse umzuwandeln. Darum geht es immer wieder. Es ist nicht die Hardware, die Software, die Technologie. Es ist die Idee, mit der sie betrieben werden. Für Menschen oder gegen sie. Das ist offensichtlich und dennoch schwierig zu erkennen. In solchen Zirkelschlüssen gefangen geht es um Optimierungen, um Effizienzsteigerungen, um das Billigermachen, aber selten um das Bessermachen im Sinne grundlegender Innovation.

Ein Speer tötet, aber eine Armbrust tötet besser, und die wiederum gerät gegen eine simple Feuerwaffe ins Hintertreffen, die wiederum gegen ein Maschinengewehr alt aussieht, das natürlich gegen eine Bombe keine Chance hat, bis die Geschichte der mörderischen Effizienz im Konzentrationslager und im Gulag endet, wo mit klassischen Mitteln industrieller Betriebsführung gemordet wird. Es ist alles eine Frage der Technik, und sie folgt der formalen Logik.

Wem das zu hart klingt, der sollte einen Blick in die Geschichte werfen. Der Computer wird im 20. Jahrhundert zuerst von Militärs genutzt, im Zweiten Weltkrieg sowohl von den Alliierten als auch den Achsenmächten. Der Flugzeughersteller Henschel nutzt die Arbeiten Konrad Zuses für die Gleitbombenentwicklung. In vielen deutschen Konzentrationslagern registrieren Hollerith-Maschinen die Insassen: Stolz auf den technischen Fortschritt stempelte die SS ihre Einweisungszettel ins Todeslager: »Hollerith erfasst«.[40] Und viele Jahre nach dem Zweiten Weltkrieg sind es ebenfalls die Militärs, die für den Kalten Krieg Computer brauchen.

Dafür kann die Technologie nichts, aber es muss klar sein, dass die Art und Weise, wie ein Werkzeug geführt wird und wirkt, natürlich mit den Interessen und Weltbildern der Menschen zu tun hat, die es verwenden. Das Bild einer Technik, die den Menschen beherrscht, ist naiv. Wir sind es, die das ganze Unheil anrichten, und wir sind es, die klug genug waren, die Maschine zu erfinden, aber zu dumm sind, um uns von ihr bedienen zu lassen, um nochmals an Karl Kraus' kluge Einsicht zu erinnern.

Hollerith

Die zweite industrielle Revolution beginnt am Ende des 19. Jahrhunderts, ihr Treibstoff sind Öl und Elektrizität. Diese Stoffe sind ideale Energieträger für Maschinen.

Elektrizität ist netzwerkfähig, unsichtbar, aber von enormer Kraft. Damit wirkt sie, als fortgeschrittene Technologie im Sinne Arthur Clarkes, »magisch«, sie ist ein Wunder, so beschreiben es die Zeitgenossen, als auf den Weltausstellungen in Paris und in Großstädten wie New York Erfinder wie Thomas Alva Edison den Schalter umlegen, um gleißendes elektrisches Licht anstelle alter Funzeln aufscheinen zu lassen.[41] Vor diesem Moment gab es Licht, wenn es Tag war, und es gab Licht, wenn man bewusst »welches machte«, wie man umgangssprachlich immer noch sagt. Eine Kerze, eine Öllampe vielleicht. Das war sehr bewusst gesetzt. Das elektrische Licht ist erst ein Vorbote der Welt, die da kommt: Die Welt wird heller, damit scheinbar sicherer, aber das, was das verursacht, ist dunkel wie Magie. Oder fauler Zauber? Für die Zeitgenossen von damals war das Anknipsen einer Glühbirne nicht weniger mysteriös wie für viele heute die Algorithmen, die ihre KI-Bots antreiben.

Im Jahr 1890, als Edison New York erleuchtet, ist die große Transformation in die Industriegesellschaft und damit in die Welt der Maschinen und Automaten allgegenwärtig. Die Industrie schafft rasant Wohlstand und erhöht die Lebenserwartung. Gleichzeitig verlangt die Verwaltung dieser komplexer werdenden Welt nach immer mehr Berechenbarkeit, nach Daten.

Das US-Patent Nr. 395.781 wurde gleich zu Beginn des neuen Jahres 1889 erteilt, einem gewissen Herman Hollerith, einem Ingenieur, der aus Buffalo im US-Bundesstaat New York stammte – und dessen Vorfahren aus Landau in der Pfalz nach Amerika ausgewandert waren. Hollerith war, wie auch Thomas Alva Edison, ein Erfinder-Unternehmer, einer, der die Möglichkeiten der neuen Technologien begierig aufsog und sie punktgenau dem Zweck der Automatisierung, dem Kerngeschäft der Industrie, zuführen konnte. Hollerith hatte die Funktion von Jacquards Lochkarten, die längst nicht nur Webstühle, sondern auch andere Maschinen steuerten, genau studiert.

Die US-Verwaltung hatte zu dieser Zeit ein Problem: Wer lebte in den USA, wie groß war der Zustrom an Migrantinnen und Migranten, wer waren sie, was konnten sie, was besaßen sie, welche Hautfarbe hatten sie und welchen Gott beteten sie an, falls das eine Rolle spielte? Für wen baute man Eisenbahnen, Straßen, Kanalisationen und Wohnungen? Tausend Fragen offen – und Hollerith sorgte für Antworten. Seine Lochkarten waren aus Karton, etwa halb so groß wie ein heutiges DIN-A4-Blatt, dick und stabil, und sie speicherten die relevanten Daten der US-Volkszählung von 1890.

Noch wenige Jahre zuvor hatte der britische Steuereinnehmer Sir Josiah Stamp geklagt: »Die Regierungen sind sehr stolz darauf, große Mengen von Statistiken anzuhäufen. Diese werden zur x-ten Potenz erhoben [...] dabei muss man aber bedenken, daß in jedem einzelnen Fall die Werte zuerst von einem Dorfpolizisten niedergeschrieben werden, und der schreibt, wie es ihm gerade passt.«[42] Das war ein sehr realistisches Bild von den bis dahin verfügbaren Datenquellen.

Lochkarten hingegen kennen solche Tagesverfassungen nicht. Sie unterschieden zwischen Ja und Nein, nach Altersgruppen, nach Geschlecht, nach Einkommensklassen. Alles, was wir heute für selbstverständlich halten – die Kategorisierung menschlicher Schicksale und Existenzen in einfache Kategorien, die Reduzierung von Komplexität durch den Fokus auf das vermeintlich Wichtige, das wurde damals perfektioniert. Die Lochkarte war der Traum aller Sozialingenieure, die Menschen in möglichst überschaubare Kategorien einsortieren müssen, um die Wirksamkeit ihrer *Maßnahmen* zu beweisen. Viele ahnen nicht einmal, wie viel aus der Lochkartenzeit bis heute das Erscheinungsbild der Digitalisierung und unserer Arbeitskultur prägt, angefangen bei den simplen Ja-Nein-Antworten in Fragebögen und den bis zur Einfalt reduzierten Eindeutigkeiten von Umfragen. Die Welt ist nicht so simpel, das kann man nicht oft genug sagen. Anstatt das zur Kenntnis zu nehmen, machen wir sie aber kompatibel zu den simplen Werkzeugen – zur Lochkartenlogik. Komplexität lässt sich aber nicht beliebig reduzieren. Sie wird irgendwann einmal zum Nonsens, einer Scheinlogik, zur *sprechenden Zahl*, die aber nichts bedeutet.

Hollerith verkaufte sein Unternehmen später an Thomas Watson, den Gründer der International Business Machines – IBM –, dem führenden Unternehmen der Bürotechnik und, nach dem Zweiten Weltkrieg, auch der Datentechnik bis zum Ende des 20. Jahrhunderts. IBM war der Industriestandard in der Bürotechnik und der frühen Digitalisierung, und noch im Zeitalter des Personal Computers ab etwa 1980 war der Begriff »IBM-kompatibel« ein anderes Wort für die einheitliche Norm von Hardware. Die Lochkartennorm der Hollerith-Maschinen wurde so ein langfristiger Maßstab für die elektronischen Speicher in Rechnern, auch lange nach dem Ende ihres Einsatzes in Büros und Regierungen.

Der Standard besagte: In eine Zeile passen nicht mehr als 80 Zeichen, mehr gibt der Karton-Lochstreifen nicht her, und das wird genau so übernommen, wenn später E-Mails oder Textzeilen auf Computerbildschirmen limitiert werden. Die Speicherkapazität pro Karte, die sich durch die mögliche Anzahl an Lochungen ergab, wurde mit 256 Zeichen (Bits) als ideal angesehen – das wiederum übertrug man Jahrzehnte später einfach auf die Digitalrechner.[43]

Technokratie

Noch bedeutender aber war der Geist der Maschine, der in den Lochkarten steckte. Dass sich Menschen dem Takt und Tempo der Maschine und ihren Abläufen anpassen mussten, war ja schon selbstverständlich geworden, nun aber wurde der Rest der Persönlichkeit ebenfalls ein Objekt der Maschine, indem er zum Datensatz gemacht wurde. In den Augen der Verwaltung sind Menschen vielleicht Bürgerin, Kind, Rentner, Kranker oder Gesunder, ein Vorgang, ein Datensatz – das ist, was von uns wirklich »lebt«.

In solchen Datensätzen sind auch heute die verwaltungsrelevanten Eigenschaften eines Menschen verdichtet: sein Alter, sein Geschlecht, sein Geburtsdatum und seine Sozialversicherungsnummer, Codes, die auf Erkrankungen oder Qualifikationen wie Berufsabschlüsse hinweisen und Ähnliches. Was die Daten-Oligarchen von Meta und X, Instagram und Google tagtäglich mit uns tun, nämlich den Menschen zu einem handelbaren Datensatz zu degradieren, ist keine Erfindung der »digitalen Ära«, sondern entspringt, wie fast alles, worüber wir heute stolpern, dem Effizienzdenken der Industriekultur. Die Helden der Technokratie haben ein bedenkliches Menschenbild.

Technokratie bedeutet so viel wie »Herrschaft der Sachverständigen und Technokraten«[44], also eine »Regierung, die ihre Entscheidungen ausschließlich an wissenschaftlich-technischen Argumenten und Sachzwängen orientiert und die politisch-demokratische Willensbildung außer Acht lässt«[45]. Wir bedienen uns hier dieser grundlegenden und noch nicht wertenden Definition, um zu zeigen, dass es zunächst weder bösen Willen noch Herrschsucht braucht, um Technokratien zu erzeugen und für richtig zu halten. Eine Regierung, eine Führung, ein Management, das nach »wissenschaftlich-technischen Argumenten und Sachzwängen handelt«, ist geradezu ein Ideal der Industriegesellschaft. Das ist grundsätzlich auch gut so. Wir verwechseln aber in der Praxis die formelhafte formale Logik, das Entweder-oder, Richtig-falsch, mit einer objektiven Bewertung, die noch eine Vielzahl anderer Kriterien berücksichtigen müsste – etwa die sozialen und kulturellen Umstände, unter denen bestimmte Entscheidungen getroffen werden müssen. Ob etwa Leute in einer Wirtschaftskrise entlassen werden, ist etwas anderes als in einer Hochkonjunktur, in der sie leicht wieder einen Job finden.

Die Gesellschaft, die nicht rundläuft, die wirtschaftliche Probleme hat, sie muss repariert werden, und zwar durch unkonventionelle und energische Eingriffe. Technokraten sehen Probleme mechanistisch, und jede Mechanik folgt einem in sich logischen Aufbau mit Antrieb, Zahnrad und Kraftübertragung – also Teilchen eines Ganzen. »Wissen ist Macht« heißt hier also nichts anderes, als das Große und Ganze zu steuern, bis ins letzte Detail.

Der amerikanische Ingenieur Frederick Winslow Taylor entwickelt zum Ende des 19. Jahrhunderts sein Modell dazu, das des sogenannten Scientific Management, also der wissenschaftlichen Betriebsführung. Dabei zerlegt Taylor typische Arbeitsabläufe in der Fabrik und später im Büro in ihre Atome – in einzelne Arbeitsschritte, Bewegungen, Reaktionen des Menschen im Umgang mit Werkzeugen und Maschinen. Alles wird gemessen, registriert, normiert. »Jeder Handgriff muss sitzen«, das ist nun keine Phrase mehr, sondern Gesetz. Es gibt, für das Werk wie den Verwaltungsbereich, den berühmt-berüchtigten Taylor-Tisch, auf dem genau verzeichnet ist, was man wann wie anzufassen hat, in welchem Winkel und schließlich mit welcher durchschnittlichen Geschwindigkeit. Daraus wiederum lassen sich genauere Vorhersagen und Bedarfe errechnen und Planungssicherheit für das Management herstellen. Das Ziel ist nicht nur die Beschleunigung des Produktionsflusses und dessen Optimierung, also das, was wir landläufig unter *Rationalisierung* verstehen, sondern auch die Rationalisierung der Beziehungen und Varianten, Eigenheiten und Selbstverantwortung im Unternehmen.

Bis zum Ende des 19. Jahrhunderts ist es auch in hochentwickelten Fabriken noch üblich, dass gelernte Arbeiterinnen und Arbeiter bis zum Meister ihr eigenes Werkzeug mit in den Betrieb nehmen. Derlei wird vom Scientific Management, dem technokratischen Regime, nicht mehr geduldet. Einheitliches Werkzeug und dann einheitliche Kleidung ziehen in die Fabrik ein, eine Uniform, die sich aus dem lateinischen Wort *uniformis* für *Gleichförmigkeit* und *Einförmigkeit*[46] ergibt. Einheit wird modern. Faschisten, Bolschewisten und Nationalsozialisten sind die politischen Entsprechungen dieser Weltsicht. Gerecht ist, was gleichgemacht wurde.

Frederick Winslow Taylor war durchaus davon getrieben, die Bedingungen in den Fabriken und Büros besser zu machen, als sie waren. Er führte bei Fabrikherren für sein Scientific Management gerade das Argument der Verbesserung der Gesundheit und der Schaffenskraft der Arbeiterinnen und Arbeiter an. Wo keine unnötige Energie durch individuelle Eigenheiten vergeudet würde, wäre doch am Ende allen gedient: den Arbeitern, die Kraft und Zeit sparten, den Fabrikanten, die mehr Output für ihre Lohnzahlungen erhielten, und den Verbrauchern, die preiswertere Produkte in besserer, da einheitlicher Qualität bekommen würden. Dass dabei auch die Menschen, die diese einheitliche Arbeit verrichten, zu Maschinenbestandteilen gemacht werden, steht auf einem anderen Blatt.

Henry Ford

Der König der Technokraten war freilich Henry Ford, der charismatische Auto-Pionier. Zu Beginn des 20. Jahrhunderts wurden in den Chicagoer Schlachthöfen tote Schweine und Rinder an Haken über Fließbänder geführt. Diese Idee des Fließbands übernahm Henry Ford für die Fabrikation seiner Automobile. Er ist ein Super-Oligarch, er beeinflusst die Sowjets ebenso wie die deutschen Nazis, die sich von ihm intensiv beraten lassen. Ein Ergebnis sind die Volkswagenwerke in Wolfsburg. Jahrzehnte später wird Ford der Volksrepublik China zu einem Leitbild. Seine Methoden passen ausgezeichnet zu einem autokratischen System.

In seinen Fabriken sind die Produkte so streng normiert und standardisiert, dass jegliche Abweichung unmöglich ist. Das Ford-Erfolgsmodell T gibt es, so Ford, »in jeder Farbe, vorausgesetzt, sie ist schwarz«. Ab 1915 baut Ford in Michigan seinen Ford Rouge Complex bei Dearborn auf, der als River Rouge weltberühmt wird. Fast vier Quadratkilometer ist er groß und wird zum Muster der Fabrik des 20. Jahrhunderts. Wenn wir an Fabrik denken, meinen wir River Rouge, wenn wir Industrie sagen, Henry Ford. Die Ideen Fords leben bis heute weiter, oft, ohne hinterfragt zu werden. Sie verweisen nicht nur auf die Äußerlichkeiten der Industrie, sondern auch auf ihr Wesen, ihren Charakter.

Dass der Mensch im Produktionsprozess der gewaltigen Fabriken eine immer geringere Rolle spielen soll, ist ein wichtiger Teil davon. Hier werden nicht Spezialistinnen und Spezialisten der Arbeitsteiligkeit hervorgebracht, sondern bessere Produktionsmaschinen und effizientere Automatisierungsprozesse, die das Eingreifen von Menschen nur mehr in Form einfachster Hilfsarbeiten nötig machen.

Betriebswirte, Arbeitsorganisation, Ingenieurinnen, Designer, Marketingleute sorgen für *das Produkt*, die Maschine erledigt den Rest. Eine kleine Gruppe Wissensarbeitender unter der straffen Führung des Managements hat alle Macht. Die Funktion des Arbeiters verändert sich grundlegend. In vielen Fällen sind sie schnell angelernte Jobber. Das schafft die Voraussetzung für das, was viele für ein Kind unserer Zeit halten: die Fabrik, die – fast – menschenleer ist. Fords Fabrik ist hocheffizient, eine Maschine voller Maschinen, die Maschinen erzeugen. Die Facharbeiterinnen und -arbeiter sind sich ihrer schleichenden Entmachtung bewusst. Sie murren, sind frustriert. Fords Gegenrezept, nicht nur in den eigenen Fabriken, ist ein höherer Lohn. Das gefällt auch den Gewerkschaften und Regierungen. Höhere Lohnabschlüsse werden mit größerem Wachstum durch mehr Konsum begründet, ein Muster, das allerdings seit Langem Risse hat. Das aber wird ignoriert, weil man sich an diese bequeme Formel des Fordismus gewöhnt hat.

Damit ist der Fordismus die Grundlage jener Konsumgesellschaft, in der wir uns immer noch befinden. Elend ist nicht mehr, wer unfrei ist und fremdbestimmt, auch nicht jene, denen es an den Dingen fehlt, die sie brauchen, sondern elend ist, wer sich nicht das leisten kann, was die anderen haben. Das aber ist falsch verstandene Teilhabe. Darum ist es vielen Menschen lieber, autoritär regiert zu werden, als nicht zweimal im Jahr in den Urlaub fliegen zu können. Der Fordismus ist ein Geschenk für alle, die die Demokratie durch Populismus schwächen wollen.

5

Turings Werk und Vannevars Beitrag.

Die Erfindung der Digitalisierung

»Life was simple before World War II. After that, we had systems.«

Rear Admiral Grace Hopper,
Computerpionierin

»Die Idee sitzt gleichsam als Brille auf unserer Nase, und was wir ansehen, sehen wir durch sie. Wir kommen gar nicht auf den Gedanken, sie abzunehmen.«

Ludwig Wittgenstein,
Philosophische Untersuchungen[47]

Die Esoterik der Mathematik

In den Jahren vor 1914 war der Westen unendlich zuversichtlich. Der Fortschritt schien keine Grenzen zu kennen. Technik war sein Motor. Und mit ihm schienen die Menschen aufgeklärter zu werden, vom Aberglauben und der Unwissenheit abzufallen. Die Maschine war der Mittelpunkt einer neuen Religion. Die Kuh fraß das Gras, ahnte etwas von der Botanik, aber ohne ihr Wesen durchdrungen zu haben.

Die Geschichte der Naturwissenschaften allerdings wird vielfach verklärt. Sie wird als Erzählung nüchterner Männer – ganz selten auch Frauen – dargestellt, die ihr Wissen pragmatisch und gegen die Widerstände der alten Mächte durchgesetzt haben. Das stimmt so nicht. Viele herausragende Naturwissenschaftler waren, wenn man genau hinsieht, auch esoterisch veranlagt. Tycho de Brahe verdiente sein Geld mit Horoskopen und trieb gleichzeitig die Wissenschaft voran. Isaac Newton, der Vater der modernen Physik, hatte im Keller seines Hauses ein ganzes Alchemie-Labor eingerichtet, in dem er Gold und Silber herstellen wollte. Und in den ersten Jahrzehnten des 20. Jahrhunderts gehörte es geradezu zum guten Ton, auch unter Bildungsbürgern, sich mit »paranormalen« Phänomenen zu beschäftigen und allerlei esoterischem Unsinn nachzugehen. Andere wiederum vernarrten sich in diesen Zeiten so sehr in ihre Ideen, dass sie zur Ideologie wurden, zu einer uneinnehmbaren Festung der eigenen Überzeugungen. Ideologien fixieren sich auf eine Sache. Nichts anderes zählt. Die Welt erklärt sich immer nur dadurch.

Gerade hochtalentierte Leute neigen zu einer isolierten Weltsicht. Aus psychologischer Sicht handelt es sich um eine »Inselbegabung«, eine »isolierte Gabe inmitten von Defekten«, so der niederländische Psychologe Douwe Draaisma[48]. Die Inselbegabung tritt überwiegend bei Mathematikern und Musikern auf, zwei eng miteinander verwandten kreativen Ausdrucksformen. Die Mathematik ist das Biotop der formalen Logik, der Informatik, der technischen Seite der Digitalisierung.

Es war ausgerechnet der Philosoph Ludwig Wittgenstein, der unter Formallogikern besondere Verehrung genießt, der die Unterschiede zwischen formaler Logik und Vernunft sehr genau kannte. Wittgensteins Hauptwerk erscheint 1921, in einer depressiven Zeit, gezeichnet vom Elend des Ersten Weltkriegs, gewaltigen Pandemien und einer enormen Inflation – eine Zeit geballter Hoffnungslosigkeit also. Wittgenstein ist, wie viele seiner Generation, tief enttäuscht vom blumigen Zukunftsoptimismus der Vorkriegsjahre. Sein *Tractatus logico-philosophicus*, seine logisch-philosophische Abhandlung also, ist eine nüchterne Abrechnung damit. In den Vorbemerkungen schreibt er: »Das Buch will also dem Denken eine Grenze ziehen, oder vielmehr – nicht dem Denken, sondern dem Ausdruck der Gedanken: Denn um dem Denken eine Grenze zu ziehen, müßten wir beide Seiten dieser Grenzen denken können«.[49] Wittgenstein will Tatsachen, nichts als Tatsachen, eine Sprache, die gereinigt ist von jeglicher Interpretation, eindeutig, unmissverständlich. Nur so, glaubt er, kann man dem Unglück des Irrtums und des Aberglaubens entgehen: »Man könnte den ganzen Sinn des Buches etwa in die Worte fassen: Was sich überhaupt sagen läßt, läßt sich klar sagen, und wovon man nicht reden kann, darüber muss man schweigen.«[50]

Zu unserem – und Wittgensteins – Glück hatte der Philosoph eine Inselbegabung, derer er sich bewusst war. Und er erkannte die Grenzen des eigenen Reiches. Wir sprechen also von der Fähigkeit zur Selbstreflexion, zur bewussten und kritischen Ansicht – oder wenigstens Teilansicht – des eigenen Faches und der eigenen Existenz und Persönlichkeit. »Ich denke, also bin ich«, René Descartes' Satz, bedeutet ja genau das. Ich weiß, was ich weiß, es ist mir bewusst. Das ist die Grundlage dafür, sich und das, was man tut, auch anderen zu erklären, zugänglich zu machen. Vor diesem Hintergrund darf man jetzt fragen, bei wie vielen Menschen das eigentlich im Alltag so der Fall ist. Vielleicht gibt es doch mehr entlegene, einsame Inseln, als wir denken.

Sind die Krisen zu Zeiten Wittgensteins nicht das Ergebnis unsauberen Denkens? Wenn die Sprache schon unverbindlich war, wie konnte dann das Ziel, der Sinn, das Ergebnis stimmen? Wittgenstein war nicht der Einzige, der an derlei dachte. Die jungen Philosophen des Wiener Kreises, angeführt von Moritz Schlick und später Karl Popper, erklärten dem Undeutlichen den Krieg. Das bereitete dem Glauben den Weg, dass nur die unzweideutige Sprache der Mathematik in der Lage sei, das Wahre vom Falschen zu unterscheiden.

So entsteht auf dem Boden des alten Aberglaubens ein neuer: die Allmachtsfantasie, dass alles, was man rechnen kann, auch richtig sein muss. Sie prägt unsere Zeit, und sie ist auch die Grundlage für die unkritische Nutzung von Technologie und Digitalisierung. Und weil Mathematik – paradoxerweise – immer noch nur von wenigen wirklich »verstanden« wird, blühen die wildesten Fantasien. Nur die Logik kann uns retten! Der Mensch ist nicht klug genug! Die Maschine soll uns raushauen! Das ist, ohne großen Zierrat, ja die Parole der KI-Fantasten von heute und der Technokraten, die sie begleiten.

Wittgenstein hingegen bewegte sich in geistig offener Landschaft. Die Mathematik, so sagte er einmal, sei ein »colorful medley«, eine bunte Mischung, so ziemlich das Gegenteil dessen also, wofür sie viele halten. Dieser offene wie gründliche Denker kollidiert im Jahr 1939 mit einer Insel, die das Gesicht und das Verständnis der Digitalisierung im 20. Jahrhundert und bis heute prägen wird: Alan Turing.

Die amerikanische Philosophin Cora Diamond hat Wittgensteins Vorlesungen in Cambridge im Jahr 1939 aufgearbeitet.[51] Darin finden sich auch die Zwischenrufe von Studierenden – einer legt sich besonders mit dem Philosophen an, Alan Turing. Dass Wittgenstein die Mathematik nicht als Ultima Ratio begreift, regt ihn auf. Erst recht Wittgensteins Anspruch, dass die Mathematik eben nicht allein den Mathematikern überlassen werden sollte.[52] Für Turing ist die Mathematik Sinn und Zweck für alles, was er tut. Das ist die Geburtsstunde der Digitalisierung, wie wir sie kennen.

Der elementare Irrtum des Alan Turing

Turing ist zu diesem Zeitpunkt 27 und gilt als Ausnahmetalent. Drei Jahre zuvor hat er das Schlüsselwerk der Digitalisierung geschrieben, noch ist es ein Geheimtipp und nicht das Evangelium des Faches: *On Computable Numbers, with an Application to the Entscheidungsproblem.*[53] Das öffnet ihm alle Türen. In Princeton, dem Mekka der neuen Physik, trifft er Albert Einstein und John von Neumann, der aus Turings Theorien die Praxisanweisung für alle Computer von heute schaffen wird. Anders als Einstein sind von Neumann und Turing regelrechte Rechen-Junkies, begierig auf die Lösung großer mathematischer Probleme – und unschwer als Inselbegabungen erkennbar. War die Formel, die Methode gut, dann war es auch der Rest. Einige Jahre später wird John von Neumann zu den unbekümmertsten Mitarbeitern des Atombombenprogramms *Manhattan Project* gehören. Er rechnet ja nur.

An dieser Stelle sollten wir noch einmal an die Entdeckung des Al-Chwarizmi denken, an den nach ihm benannten Algorithmus, die genauen, schrittweisen Handlungsanleitungen für Probleme, die einer exakten Sprache – einem Code – folgen. Und wir sollten uns noch einmal Albert Einsteins Bemerkung aus dem Brief an Max Laue in Erinnerung rufen: »Es gibt die erstaunliche Möglichkeit, daß man einen Gegenstand mathematisch beherrschen kann, ohne den Witz der Sache wirklich erfasst zu haben.«

Kaum etwas trifft auf die Arbeit von Neumanns und Turings besser zu als dieser Satz. Die beiden fanden eine Lösung für ein Problem. Was machbar ist, macht aber noch lange keinen Sinn. Die Turingmaschine, also das Modell Alan Turings, ist eine theoretische Vorrichtung, die jede Berechnung durchführen kann, solange dabei Algorithmen im Spiel sind.[54]

Wenn man aber glaubt, dass die Mathematik alles formulieren kann, die formale Logik keinerlei Ergänzung bedarf, und damit versucht, alles, also nicht nur die Mathematik, zu erklären, liegt man falsch. Hier zeigt sich die ganze Beschränktheit der Technokraten, ihre Einseitigkeit und – auch das muss man betonen – ihre zur Bedrohung der Menschheit gewordene Naivität. Eine *isolierte Gabe inmitten von Defekten* löst kein praktisches Problem, aber es kann viele erzeugen.

Wer zahlengläubig ist – neben Mathematikern sind dies vor allen Dingen auch Betriebswirte und Manager –, glaubt natürlich auch, dass die KI die Lösung für alle Fragen sein muss. Joseph Weizenbaum hat in seinem Buch *Die Macht der Computer und die Ohnmacht der Vernunft* einen weiteren Hinweis gegeben: »Lässt sich alles, was wir tun möchten, in Begriffen eines effektiven Verfahrens beschreiben? Die Antwort lautet darauf: ›Nein.‹«[55]

Wie baut man einen Computer? Und was macht man dann damit?

Es wäre allerdings falsch, die Schuld für diese Beschränktheit auf das Rechnerische bei den Inselbegabungen zu schieben. Es ist wie mit den Fachidioten weiter oben. Sie erkennen ihre Beschränktheit nicht. Wir mündigen Bürgerinnen und Bürger sind es, die darauf achten müssen, dass sich die Inselbegabungen nicht durchsetzen, und darauf, dass das Zeitalter der einfältigen Logik endet. Turings Motive waren überdies ja keineswegs unlauter. Ihm ging es in *On Computable Numbers* um das »Entscheidungsproblem« des deutschen Mathematikers David Hilbert. Der hatte die Frage gestellt, ob es ein Verfahren geben könnte, mit dem jede ausreichend formalisierte Aussage der Mathematik (Algorithmen) als wahr oder falsch definiert werden kann.

Turing zerlegte diese Frage im Kopf in kleinste Teile und entwarf eine theoretische Maschine mit einem beidseitig beweglichen Endlosband, das in Zellen von Nullen und Einsen unterteilt war, die an einem Schreib-Lese-Kopf vorbeigeführt wurden. Die Zellen enthielten die Anweisungen, was die Maschine tun soll, und ein Programmierer konnte diese Anweisungen ändern. Das ist das Arbeitsprinzip aller uns heute bekannten Computer.

Und noch eins muss Turing zugeschrieben werden: Seine praktische Arbeit im britischen Geheimlabor Bletchley Park bei der Entschlüsselung deutscher Codes (Enigma) verkürzte den Zweiten Weltkrieg entscheidend und rettete unzähligen Menschen das Leben.

Unterdessen bastelte in Deutschland ein junger Bauingenieur namens Konrad Zuse an seinen eigenen Rechenmaschinen. Zuse war weniger von der formalen Logik denn einer sehr deutschen Eigenschaft ergriffen, dem mechanistischen Denken, bei dem die Vorstellung, dass alles eine Methode und Ordnung haben muss, im Vordergrund steht. »Ich beschäftige mich mit dem Gedanken des mechanischen Gehirns«, schrieb er 1937 in einem Brief. 1941 baute Zuse den Z3, den ersten programmierbaren und funktionsfähigen Computer, aber nicht den ersten Computer überhaupt – dieses Privileg kommt dem ABC aus dem Jahr 1939 zu, von dem wir weiter unten noch hören werden.

Der praktische Nutzen der Maschine war zunächst keineswegs klar. Es gibt ein berühmtes »Zitat« des IBM-Chefs Thomas Watson, der angeblich 1943 den Weltbedarf an Computern auf »vielleicht fünf Stück« festlegte. Hat er nie gesagt, aber hätte er, wäre das durchaus die Meinung auch der Leute gewesen, die damals an Rechenmaschinen arbeiteten. Selbst hochtechnisierte Unternehmen und Behörden sahen keinen Bedarf. Und militärische Forschungen blieben streng geheim. Turings Arbeiten beispielsweise waren bis 1990 unter Verschluss.

Beim Militär war das Interesse höher. Zur Dekodierung war der Einsatz leistungsfähiger Rechner relativ naheliegend. Gleiches galt auch für die Simulation der ballistischen Bahnen von Flugkörpern und Bomben. Wer Flugbahnen berechnen wollte, musste eine Vielzahl an Parametern einbeziehen können. Das Militär erkannte die Notwendigkeit, jeweils aktuelle Daten zu verarbeiten, schneller, als es die Rechentrupps vermochten, die aus Tausenden Beschäftigten, vorwiegend Frauen, bestanden und die man *Computer* nannte.

Die *Computer* arbeiteten mit Rechenschiebern und anderen Hilfsmitteln und stellten die bei Weitem größte Gruppe an Mitarbeiterinnen sowohl in Bletchley Park wie auch bei den rechenintensiven militärischen Spitzenprojekten, zum Beispiel beim *Manhattan Project* zum Bau der ersten Atombombe. Die Frauen wurden, so schrieb die amerikanische Autorin Claire L. Evans in ihrem Buch *Broad Band*[56], von ihren durchgängig männlichen Vorgesetzten und Kollegen »Kilogirls« genannt, was eine Art Pferdestärke der frühen Digitalisierung war und der »computing capacity of one thousand women« entsprach.

Im *Manhattan Project* arbeiteten zwischen 1942 und 1945 mehr als 150.000 Menschen an der Entwicklung der ersten Atombombe. Unter der wissenschaftlichen Leitung des Physikers Robert Oppenheimer und einem strikten militärischen Management, dessen Ursprünge im bereits 1915 gegründeten »National Advisory Committee for Aeronautics« (NACA) lagen, wurde die erst 1938 von Lise Meitner, Otto Hahn und Fritz Straßmann entdeckte Kernspaltung zur Entwicklung der wirkungsvollsten Waffe in der Geschichte der Kriege genutzt.

Dass das klappte, war ganz entscheidend das Verdienst des bereits erwähnten John von Neumann. Er hatte bei David Hilbert in Göttingen studiert und war einer der Pioniere auf dem Gebiet der jungen Quantenmechanik. Nach seiner Emigration in die USA war er Gründungsprofessor des Institute for Advanced Studies in Princeton, der Tafelrunde der Physik und Mathematik des 20. Jahrhunderts. Zusammen mit dem Ökonomen Oskar Morgenstern legte er später den Grundstein für die Spieltheorie und damit für die heute so bedeutende Verhaltensökonomik. Mit dem Start des *Manhattan Project* 1942 übersiedelte von Neumann in die Wüste New Mexicos.

Er berechnete die Wirkung des Drucks explodierender Bomben unter den unterschiedlichsten Bedingungen, was einige Jahre später auch für den Bau stabiler Düsenjets eine entscheidende Rolle spielte, die mit Problemen beim Durchbrechen der Schallmauer zu kämpfen hatten. Und er erdachte die Grundform des modernen Computers.

Die Von-Neumann-Architektur ist bis heute das Konzept, nach dem alle Digitalrechner arbeiten, ganz gleich, ob sie in Smartphones, Notebooks oder Großrechnern stecken:

- Ein menschlicher Programmierer (oder Benutzer) sitzt an einem *Input-Output-System,* wobei Input etwa eine Tastatur und Output ein Drucker oder Bildschirm sein kann. In den Anfängen wurde das durch elektrische Schreibmaschinen und eine Lochstreifenausgabe erledigt.
- Dieses Input-Output-System wird über ein *BUS* genanntes Kommunikationssystem mit den restlichen Teilen des Systems verbunden.
- Die Eingaben gelangen in ein Speichersystem namens *Memory,* in dem Programm und Befehle gleichermaßen abgearbeitet werden,
  - von einer Kontroll- oder Steuereinheit koordiniert und
  - von der zentralen Prozesseinheit (Central Processing Unit, CPU) schließlich verarbeitet, also »berechnet«.

So hat sich das John von Neumann im Jahr 1945 ausgedacht.[57] Der *Electronic Discrete Variable Automatic Computer (EDVAC),* für den von Neumann sein Konzept erarbeitete, war ein Projekt der legendären Entwickler John Presper Eckert und John W. Mauchley, die als die Macher des ersten elektronischen Computers *ENIAC (Electronic Numerator Integrator And Computer)* bekannt geworden sind. ENIAC galt bald schon als Inbegriff des »Elektronengehirns«, genauer, er wurde der staunenden Welt als solches verkauft. Bereits zuvor hatte Howard Aiken den *Harvard Mark I* und, noch früher, ab 1939, hatten John Atanasoff und Clifford Berry ihren *ABC (Atanasoff Berry Computer)* vorgestellt (doch erst 1973 sprach ein Gericht Atanasoff und Berry die Erfindung des ersten elektronischen, digitalen Computers zu[58]).

Täuschung und Manipulation waren bereits in den Geburtsstunden des »Elektronengehirns« an der Tagesordnung. Und dabei ging es nicht nur um Geld und Ruhm, sondern vor allen Dingen auch um Politik, ganz große Politik, Wirtschaftspolitik.

Vannevar Bush

Dass ENIAC lange als erster Computer vermarktet wurde, lag am guten Timing seiner Fertigstellung, 1945. Der Sieg der USA als führende Macht der Alliierten im Zweiten Weltkrieg zeichnete sich deutlich ab. ENIAC war, als er ins Laufen kam, technisch schon durch den bereits von John von Neumann konzipierten EDVAC deutlich überholt worden. Aber ENIAC wurde zum Marketingslogan.

Das kam so: Die USA waren seit dem Schwarzen Freitag von 1929, dem Zusammenbruch der New Yorker Börse, in eine lange und folgenschwere wirtschaftliche Depression geraten. Franklin D. Roosevelts Politik eines *New Deal* hatte ab 1933 für eine Reihe von staatlich gestützten Sonderprojekten gesorgt, die den Bau von Highways und Infrastrukturmaßnahmen anheizten, aber auch die Entwicklung neuer Technologien. Forschung und Militär waren wichtige Eckpfeiler des *New Deal*. Sie bildeten den sogenannten militärisch-industriellen Komplex[59], der mit dem Kriegseintritt der USA 1941 massiv ausgedehnt wurde.

Am Ende des Zweiten Weltkriegs hatte sich dieser militärisch-industrielle Komplex zum wichtigsten Wirtschaftsfaktor der USA entwickelt. Für das Management dieser Verzahnung aus Wissenschaft, Technik und Industrie war ein Mann namens Vannevar Bush verantwortlich. Bush beriet bereits ab 1915 US-Präsidenten und hatte an der Harvard University Ingenieurwissenschaften studiert. Er war aber keine »Inselbegabung«, sondern ein ausgesprochenes Multitalent, der die Inseln ideal miteinander verknüpfte.

Das machte ihn zur ersten Wahl als Wissenschaftsorganisator, und als solcher prägte er entscheidend den Ruf des *Massachusetts Institute of Technology (MIT)*, der führenden Technologieschmiede der USA. Es ist keine Übertreibung, wenn man die Fähigkeit Bushs, Zusammenhänge herzustellen, als entscheidenden Vorteil gegenüber den Europäern ausmacht. In Deutschland etwa blieben die Talente stets in ihren Silos. Der Tellerrand ihres Faches blieb unüberwindlich.

Vannevar Bush aber erkannte das Grundprinzip der neuen Wissensökonomie und Wissensarbeit, das der von ihm beeindruckte Managementtheoretiker Peter Drucker in seiner berühmten Formel auf den Nenner brachte, nach der »Wissen produktiv wird«, wenn man »Wald und Bäume erkennt«, die »Zusammenhänge« also, die in der enormen Arbeitsteiligkeit der alten Industriegesellschaft und ihrer Spezialisierungen so leicht übersehen werden – bis heute.

Bush wusste das bereits in den 1920er-Jahren. Deshalb förderte er am MIT die Zugänglichmachung von Archiven und Dokumentationen. Er wurde Experte für »Retrieval«-Techniken, für Datenbanken also, die noch manuell organisiert waren. Das aber änderte nichts an ihrem Prinzip, dem Teilen von Wissen, um es zu vermehren.

Zudem war Bush geschäftstüchtig und ein exzellenter Verkäufer seiner Ideen. Präsident Roosevelt lobte die Klarheit seiner Berichte und machte ihn 1943 zum Organisator aller militärisch-industriellen Forschungsprojekte. In dieser Rolle war Bush mächtiger als Kriegs- und Wirtschaftsminister zusammen. Was er bestellte, bekam er, was er vorgab, wurde umgesetzt. Das war ein neuer New Deal, bei dem der Vorsprung durch Technik durch die untrennbare Verzahnung mit dem Militär erkauft wurde. Und was für das eine nützlich war, wirkte auch für das andere. Beides sicherte Wohlstand und Wachstum und den Sieg im »großen« Krieg.

Kriegswirtschaft normalisieren

Im Zweiten Weltkrieg hatten die USA für alle kriegsrelevanten Projekte 4.000 Milliarden US-Dollar ausgegeben[60], wobei sich die Wirtschaftsleistung zwischen 1940 und 1944 verdoppelt hatte. Das Land erwirtschaftete im Jahr 1945 unglaubliche 50 Prozent des gesamten Welt-Bruttosozialprodukts.[61] Und noch zwischen 1950 und 1960 wurde diese Grundlage der westlichen Wohlstandsgesellschaft, die als Konsumgesellschaft zum Modell im gesamten Westen (und später auch bei ideologischen Gegnern wie etwa der Volksrepublik China)[62] wurde, weiter vergrößert: 77 Prozent Wachstum des Bruttosozialprodukts in nur einem Jahrzehnt. Das hatte es nie, nirgendwo gegeben. Aber: Um dieses Level – und den damit verbundenen Wohlstand – zu halten, bedurfte es einer andauernden Sonderkonjunktur, die auch außerhalb einer Kriegswirtschaft funktionierte.

Kriege sorgen für die nötige »Moral« für außergewöhnliche Anstrengungen. Wo es um Leben und Tod geht, herrscht Konzentration und Ernsthaftigkeit. Im Jahr 1950 entfielen 7,5 Prozent des amerikanischen Bruttoinlandsprodukts auf Rüstungsausgaben, aber das beschreibt das Volumen nur annähernd. Die Lehren aus dem Krieg sind einfach: Wirtschaftlichen Erfolg haben die USA, wenn sie mit maximalen Mitteln Forschung und Entwicklung vorantreiben. Alles ist eine Frage der Technik, die einerseits der nationalen Verteidigung dient, andererseits aber ihre »Spin-offs« für die zivile Nutzung liefert, für Haushaltsgeräte, Unterhaltung und Verkehr.

Der militärisch-industrielle Komplex wird schon bald nach dem Ende des Zweiten Weltkriegs der auch in Friedenszeiten stabile Kern der Marktwirtschaft, die Grundlage von Wohlstand und sozialem Frieden und Rekordgewinnen der beteiligten Unternehmen. Mehr als hilfreich für dieses Modell ist die aggressive Politik der stalinistischen Sowjetunion, die nach dem Sieg über Hitler-Deutschland den neuen Feind – die USA – definiert. Das hält die Bolschewiki an der Macht, auch nach Stalins Tod. Der Kalte Krieg ist ein brauchbares Modell, um so weiterzumachen wie bisher, hüben und drüben. Man liefert sich gegenseitig die Begründung für das, was man »Rüstungswettlauf« nennt, und das ist ganz eindeutig ein technologischer Wettlauf. Das macht die Mathematik und die Digitaltechnik zum wichtigsten Forschungsbereich – und erklärt alles, was damit zu tun hat, bis heute für sakrosankt.

Technologiekritik ist also nicht nur Technologiekritik, sondern auch ein Sicherheitsrisiko und ein Vergehen gegen die wirtschaftlichen Interessen. Es wird schwierig, in einem solchen Klima eine sachliche, nüchterne Diskussion zu führen. Wie beim republikanischen Senator Joseph McCarthy in seinem »Ausschuss für unamerikanische Umtriebe« ist Kritik Verrat und Zweifel Sabotage.

Das ist das Narrativ, die Story, mit der Digitalisierung zum Leitbild wurde.

As we may think

Der Begriff des *Narrativs* bedeutet so viel wie eine Geschichte, die glaubwürdig und verständlich genug ist, um Menschen für sich zu vereinnahmen. Vannevar Bush war ein Meister darin. Die Inhaltsangabe in aller Kürze: Durch Technik haben wir den Krieg gewonnen, durch Technik werden wir den Frieden sichern, und diese Technik, auch wenn ihr es euch nicht vorstellen könnt, wird großartig werden, mehr, als ihr zu träumen wagt.

Niemand musste sich mehr für seine Unbildung schämen. Die größten Denker würden ihr Wissen via Computer an ganz normale Menschen weitergeben. Die Story erinnert an den katholischen Ritus der Eucharistie, bei dem symbolisch durch Brot und Wein Leib und Blut Christi weitergeben werden, um den Geist zu stärken. Wer einen Computer hat, an Technik teilnimmt, in den fährt der (heilige) Geist ein. Bushs Geschichte erinnert auch an eine moderne Legende, bei der die KI für ausgleichende Gerechtigkeit sorgen wird, weil sie Unterschiede zwischen kreativen, intellektuell außergewöhnlichen Menschen und anderen Zeitgenossen nivelliert. Wenn die Maschine schlau ist, müssen es Menschen nicht mehr sein. Das ist ein Versprechen, auf das nicht wenige lange gewartet haben. Klug ohne Anstrengung. Ein alter Traum.

Bush verliert keine Zeit. Noch im Krieg gegen Japan, im Juli 1945, bevor die ersten Atombomben aus seinem *Manhattan Project* auf die japanischen Städte Hiroshima und Nagasaki abgeworfen werden, veröffentlicht er den Essay *As We May Think (Wie wir denken könnten)* in der renommierten Zeitschrift *The Atlantic.*[63] Dessen Herausgeber schreibt zu Bushs Essay:

»Als Direktor des Office of Scientific Research and Development hat Dr. Vannevar Bush die Aktivitäten von rund 6.000 führenden amerikanischen Wissenschaftlern bei der Anwendung der Wissenschaft in der Kriegsführung koordiniert. In diesem bedeutsamen Artikel bietet er Wissenschaftlern einen Anreiz für die Zeit nach dem Ende der Kämpfe. Er drängt darauf, dass Wissenschaftler sich dann der gewaltigen Aufgabe zuwenden sollten, unseren verwirrenden Wissensschatz zugänglicher zu machen. Jahrelang haben Erfindungen eher die physischen Kräfte des Menschen erweitert als seine geistigen. Hammerschläger, die die Fäuste vervielfachen, Mikroskope, die das Auge schärfen, und Maschinen zur Zerstörung und Ortung sind neue Ergebnisse, aber nicht die Endergebnisse der modernen Wissenschaft.

Jetzt, sagt Dr. Bush, stehen Instrumente zur Verfügung, die, wenn sie richtig entwickelt werden, dem Menschen Zugang zu dem überlieferten Wissen der Jahrhunderte verschaffen und es beherrschen lassen. Die Perfektionierung dieser friedlichen Instrumente sollte das erste Ziel unserer Wissenschaftler sein, wenn sie ihre Kriegsarbeit hinter sich lassen. [...] Dr. Bush [fordert] eine neue Beziehung zwischen dem denkenden Menschen und der Summe unseres Wissens.«[64]

Das ist die Story, und die Leserinnen und Leser von *The Atlantic*, die Eliten des Landes, hören die »Ansage« und verstehen sie auch, denn hier liefert einer die Antwort auf die Frage, wie es im Frieden weitergeht: »Das machen wir jetzt. Und ihr seid gut beraten, da mitzutun, auch wenn ihr keinen blassen Schimmer davon habt, was genau die ›Perfektionierung dieser friedlichen Instrumente‹ sein könnte, wenn die ›Kriegsarbeit‹ hinter uns liegt. Oder wollt ihr zu den Verlierern zählen?«

Bush selbst beginnt seinen Text mit einer Beschwörung der gemeinsamen Aufgabe: »Dies war kein Krieg der Wissenschaftler; es war ein Krieg, an dem alle beteiligt waren.« Er lobt die Teamarbeit der

Wissenschaftler, die ohne ihn undenkbar gewesen wäre und damit die »alte berufliche Konkurrenz im Streben nach einer gemeinsamen Sache begraben haben [...]«, und deren »Fähigkeit, effektiv zusammenzuarbeiten«. Doch nun, »wo sich dieser Krieg dem Ende nähert: Was sollen die Wissenschaftler als Nächstes tun?«[65]

Zwar wäre viel erreicht worden, gerade in der Physik, aber »unsere Methoden zur Übermittlung und Überprüfung von Forschungsergebnissen sind jahrhundertealt und mittlerweile für ihren Zweck völlig unzureichend. [...] Die Summe der menschlichen Erfahrungen wird mit ungeheurer Geschwindigkeit erweitert«, klagt Bush, aber die Mittel, um »uns durch das daraus resultierende Labyrinth zu den momentan wichtigen Informationen zu schlängeln«, seien nicht besser als im alten Ägypten.

Da kann man aber was machen: Er verweist auf Leibniz' Rechenmaschine, auf Babbage, der »seine große Rechenmaschine trotz der für seine Zeit bemerkenswert großzügigen Unterstützung nicht herstellen konnte. Seine Idee war gut genug, aber die Bau- und Wartungskosten waren damals zu hoch. Hätte man einem Pharao detaillierte und genaue Entwürfe eines Automobils gegeben und hätte er sie vollständig verstanden, hätte die Herstellung von Tausenden von Teilen für ein einziges Auto die Ressourcen seines Königreichs strapaziert, und dieses Auto wäre auf der ersten Fahrt nach Gizeh kaputtgegangen.«[66]

Diese scheinbar anekdotische Erinnerung an die Zeiten vor der Massenproduktion, also der *Industriegesellschaft*, ist tatsächlich ein entscheidendes Argument, das Bush für den Computer und die Digitalisierung ins Treffen führt: Die Universalmaschine ist nur sinnvoll zu bauen, wenn sie unter den Bedingungen der Industriegesellschaft hergestellt wird – nach Standards und Normen, preiswert und in großer Quantität. Computer sind damals noch Unikate. Man baut sie für einen bestimmten Zweck. Bush erkennt den eigentlichen Verbindungspunkt zwischen Industriedenken und Digitalisierung: Computer helfen bei der Automatisierung, der zentralen Aufgabe aller Industrie.

»Maschinen mit austauschbaren Teilen können heute mit großem Aufwand konstruiert werden. Trotz ihrer Komplexität funktionieren sie zuverlässig. Denken Sie nur an die einfache Schreibmaschine, die Filmkamera oder das Automobil. Elektrische Kontakte hängen nicht mehr fest, wenn man sie gründlich versteht. Denken Sie an die automatische Telefonzentrale, die Hunderttausende solcher Kontakte hat und dennoch zuverlässig ist. Ein Spinnennetz aus Metall, versiegelt in einem dünnen Glasbehälter, ein Draht, der bis zur Glut erhitzt wird, kurz gesagt, die Elektronenröhre in Radios wird zu Hunderten Millionen hergestellt, in Paketen herumgeworfen, in Steckdosen gesteckt – und sie funktioniert! Ihre hauchdünnen Teile, die genaue Anordnung und Ausrichtung bei ihrer Konstruktion hätten einen Handwerksmeister der Zunft monatelang beschäftigt; jetzt wird sie für dreißig Cent gebaut. Die Welt ist in einem Zeitalter billiger, komplexer Geräte mit hoher Zuverlässigkeit angekommen; und es wird bestimmt etwas dabei herauskommen.«[67]

Man hätte gern die Gesichter der Industriemanager gesehen, als sie das lasen – sie müssen gestrahlt haben vor Glück. Da war einer, der sie verstand – man musste es gar nicht so genau wissen, das war der Job der Wissenschaftler, sie, die Manager, brauchten nur diese eine Information: »Es wird bestimmt etwas dabei herauskommen.« Das klang vertraut, nämlich so, »wie wir es gewohnt sind«. Damit waren die Bedenken vom Tisch.

Das Wunder, das Bush anbietet, ist nicht nur ein Gerät, ein Apparat, sondern sind viele, vernetzt und miteinander »denkend«. *Memex* nennt Bush diese Vorrichtung, und sie ist 1945 bereits eine ziemlich genaue Beschreibung dessen, was man viele Jahre später als Internet kennen wird.

»Die fortschrittlichen Rechenmaschinen der Zukunft werden elektrischer Natur sein und mit der 100-fachen Geschwindigkeit der heutigen Rechenleistung oder noch mehr arbeiten.«

»Darüber hinaus werden sie weitaus vielseitiger sein als die derzeit handelsüblichen Maschinen, sodass sie sich leicht für eine Vielzahl von

Operationen anpassen lassen. […] Es wird immer eine Menge Dinge zu berechnen geben in den detaillierten Angelegenheiten von Millionen von Menschen, die komplizierte Dinge tun.«[68]

Jede gute Geschichte, jedes funktionierende Narrativ, bedient sich an Archetypen menschlicher Sehnsüchte. Der Mensch soll sich weniger körperlich anstrengen, aber mehr geistig, und dafür Werkzeuge entwickeln, die seine Kreativität und Fähigkeit zur Innovation schärfen, er soll sich also »die Welt untertan machen«, herrschen im Sinne von beherrschen. Das ist auch die wissensökonomische Erzählung, denn die Industrie befreit den Handarbeiter von der Plage, führt ihn aber in die Routine und Monotonie der Fabrik, und nun soll endlich auch diese Last der Vergangenheit angehören, denn:

»Die repetitiven Denkprozesse beschränken sich jedoch nicht auf Arithmetik und Statistik. Tatsächlich geht es beim kreativen Denken jedes Mal, wenn man Fakten gemäß etablierter logischer Prozesse kombiniert und aufzeichnet, nur um die Auswahl der Daten und des anzuwendenden Prozesses, und die anschließende Manipulation ist repetitiver Natur und daher eine Angelegenheit, die man am besten der Maschine überlassen kann«, schreibt Bush weiter in seinem Essay.[69]

Das ist noch nicht der Größenwahn der KI-Hyper. Bei Bush ist es der Mensch, der denkt und lenkt, die Maschine macht die »Repetition«, also die Routinearbeit. Eine gute Vision also. Er kennt den Unterschied zwischen Vernunft und formaler Logik beim Denken genau:

»Immer wenn logische Denkprozesse eingesetzt werden – das heißt, wenn das Denken eine Zeit lang in einem akzeptierten Schema verläuft –, bietet sich der Maschine eine Chance. Die formale Logik war früher ein scharfsinniges Instrument in den Händen des Lehrers, wenn er die Seelen der Schüler prüfte. Es ist ohne Weiteres möglich, eine Maschine zu konstruieren, die Prämissen gemäß der formalen Logik manipuliert, einfach durch die geschickte Verwendung von Relaisschaltungen. Geben Sie eine Reihe von Prämissen in ein solches Gerät ein und drehen Sie die Kurbel, und es wird ohne Weiteres eine Schlussfolgerung nach der anderen ausgeben.«[70]

Der Magier verspricht Verlässlichkeit, eine Sehnsucht in unsicheren Zeiten, 1945 wie heute. Einfach »eine Reihe von Prämissen« eingeben und »an der Kurbel drehen«, und schon ist, wie durch Zauberhand, ein brauchbares Resultat da, die Ordnung wiederhergestellt. Denken wir hier an die Feststellung Arthur C. Clarkes zur »hinreichend fortgeschrittenen Technologie, die wie Magie wirkt«.[71] Es ist der Zaubertrick des Digitalismus.

Der stärkste Teil des Narrativs von *As We May Think* findet sich am Ende: »Vermutlich sollte der Geist des Menschen gestärkt werden, wenn er seine dunkle Vergangenheit besser überblicken und seine gegenwärtigen Probleme vollständiger und objektiver analysieren kann. Er hat eine so komplexe Zivilisation aufgebaut, dass er seine Aufzeichnungen umfassender mechanisieren muss, wenn er sein Experiment zu seinem logischen Abschluss führen und nicht auf halbem Weg stecken bleiben will, weil er sein begrenztes Gedächtnis überfordert. Seine Ausflüge könnten angenehmer sein, wenn er das Privileg wiedererlangen kann, die vielfältigen Dinge zu vergessen, die er nicht sofort zur Hand haben muss, mit der Gewissheit, sie wiederfinden zu können, wenn sie sich als wichtig erweisen.«[72]

Und er schließt: »Die Anwendung der Wissenschaft hat dem Menschen ein gut ausgestattetes Haus gebaut und lehrt ihn, darin gesund zu leben.« Nun müsse man weitermachen, denn es wäre falsch, »den Prozess zu beenden oder die Hoffnung hinsichtlich des Ergebnisses aufzugeben«.[73]

Es ist kein Zufall, dass nach all den Versprechungen am Ende um Geduld gebeten wird. Die Menschen werden sie in den kommenden Jahrzehnten, was die Segnungen, den Sinn und den Zweck der Digitalisierung angeht, dringend benötigen.

Elektronengehirne

Am 15. Februar 1946 erschien in der New York Times[74] ein Bericht des Technik-Korrespondenten T. R. Kennedy Jr. Der Journalist war von Vannevar Bush eingeladen worden, eines der großen Geheimnisse des Pentagons zu enthüllen, den ENIAC, der, so trägt es der Reporter weiter, »die wissenschaftliche Arbeit auf eine neue Grundlage stellt«[75]. Die Maschine »könnte die Entwicklung revolutionieren«, denn, so die ENIAC-Leute, »sie rechnet 1000-mal schneller als alles andere«.

Das Wort *memory* steht im Englischen für Speicher und Gedächtnis. Das hatte es den Reportern besonders angetan. Sie verwechselten das eine, die technische Zwischenlagerung von *bits and bytes*, ab sofort mit der Fähigkeit von Menschen, mit Erfahrungen intelligent und situationsgerecht umzugehen. Eckert und Mauchley, die Väter des ENIAC, nährten die Missverständnisse der Laien nach Kräften: Ihre Maschine könne nicht nur »Zeit überflüssig machen«, sondern »eine Antwort auf praktisch jedes Problem finden«. Verunsichert fügt Kennedy Jr. dieser Aussage noch ein zaghaftes »sagen zumindest seine Erfinder« hinzu. Ein weitblickender Zusatz.

Vannevar Bush erkannte, dass es eine Maschine sein musste, ein System, bei dem der Begriff des *Problemlösens* gleichbedeutend war mit dem Begriff des *Hoffnung-Gebens*. In schwierigen Zeiten hängen die Leute an Ordnung und Sicherheit, und diese werden in unserer Kultur durch den Staat repräsentiert. In Krisenzeiten sind die Menschen deshalb auch leichter politisch manipulierbar. Populistische Hoffnungskonzepte wirken dort am stärksten, wo Unsicherheit herrscht und kein Zutrauen darin, es selbst, aus eigener Kraft zu schaffen. Bush bediente sich einer Einsicht des amerikanischen Spin-Doctors Edward Bernays. Bernays, der Neffe Sigmund Freuds, gilt als Erfinder des Begriffs *Public Relations*. Diese werden unter seinem Einfluss zum festen Bestandteil jener »Storytelling-Maschine«, die seit dem 20. Jahrhundert das öffentliche Bewusstsein prägt. Diese Maschine schafft Mythen. Menschen sind nicht klug genug, nicht erwachsen genug, um selbst zu entscheiden. Sie brauchen Führung durch Geschichten. In seinem Buch *Propaganda. Die Kunst der Public Relations*[76] steht ganz zu Beginn:

»Die bewusste und zielgerichtete Manipulation der Verhaltensweisen und Einstellungen der Massen ist ein wesentlicher Bestandteil demokratischer Gesellschaften. Organisationen, die im Verborgenen arbeiten, lenken die gesellschaftlichen Abläufe. Sie sind die eigentlichen Regierungen in unserem Land. Wir werden von Personen regiert, deren Namen wir noch nie gehört haben.«[77] So redet ein Vormund über ein Kind, dem er nicht zutraut, es allein zu schaffen, der Experte über die Demokratie, der Spezialist über die Bürgerinnen und Bürger. Wie viel von dem, was Bernays hier formulierte, ist ein Betriebssystem der Gesellschaft, das auch heute noch gilt.

UNIVAC und der Aufstieg des Elektronengehirns

Für die ersten Digitalisierer gab es aber eine Frage, die noch dringlicher war. Sollte man den Computer nun als schnellen Rechenautomaten für alle möglichen Fälle promoten – oder war das zu banal? Maschinen und Automaten gab es schon zur Mitte des 20. Jahrhunderts zuhauf. Was war eigentlich das Besondere an Computern? Die nüchterne Antwort lautete: Der Computer würde die Welt nicht neu erfinden, sondern sich die Welt, wie sie war, schlicht einverleiben. Deshalb heißt es auch *digitalisieren*, ein Verb, das nur sagt, dass etwas Vorhandenes in eine andere Form überführt wird, nicht mehr, nicht weniger. Offensichtlich war der Computer im Rahmen der industriellen Arbeitsordnung wichtig, ein Automat also, eine Maschine, die menschliche Routinearbeit, wie Maschinen vor ihr, übernehmen kann.

In dieser Idee steckt etwas, das oft übersehen wird: Auch die KI von heute übernimmt ja nur, was Menschen gedacht haben, sie denkt kein bisschen selbst. Sie kopiert, imitiert und verleibt sich – meist ungefragt – ein, was kreative Menschen bereits überlegt haben, und tut so, als sei das ganz normal. Es ist eine Aneignung menschlicher Arbeit durch Maschinen, genauer, durch die Leute, die diese Maschinen betreiben. Der Schweizer Technikhistoriker David Gugerli hat das in erfrischender Klarheit in seinem Buch *Wie die Welt in den Computer kam. Zur Entstehung digitaler Wirklichkeit*[78] beschrieben, dessen erste Zeilen die Sache treffend erklären:

»Dieses Buch berichtet darüber, wie die Welt in den Computer gekommen ist. Es ist die Geschichte eines großen Umzugs, der vor sieben Jahrzehnten, also um die Mitte des 20. Jahrhunderts, begann.«[79] Gugerli geht es nicht um die heroischen Geschichten, die im Nachhinein erzählt werden, sondern um die »Erwartungen, Denkstile und Motive derjenigen, die als Techniker, Manager, Anwender, Unternehmer und Beamte an der großen Verschiebungsaktion gearbeitet, sie angeordnet oder mitgetragen haben«.[80] Es ist ein nüchtern-pragmatischer Umgang mit den Leuten, die sich so oft auf die Macht der formalen Logik berufen, aber mit geradezu pathetischem Kitsch ihre Motive veredeln. Der Titel des Buches ist eine Paraphrase auf den amerikanischen Technikhistoriker Michael S. Mahoney, der von jenen Arbeiten berichtet, »die die Welt in den Computer versetzt haben«.[81]

Anfang der 1950er-Jahre – Mauchley und Eckert, unsere Helden von ENIAC und EDVAC, sind nun Unternehmer geworden – läuft die Sache allerdings nur zäh an. Die beiden Erfinder versagen dort, wo ihre Maschine angeblich besonders gut ist, beim richtigen Rechnen, genauer: dem exakten Kalkulieren. Ein Auftrag nach dem anderen wird ihnen entzogen, weil sie die Budgets grandios überziehen, bis zum 15-Fachen.[82] Gerade noch gelingt es ihnen, dem US-Census-Bureau, einen Universal Automatic Computer, kurz UNIVAC I, zu verkaufen. Er folgt den Hollerith-Maschinen und ist der erste kommerzielle Computer, der in den USA gebaut wird.

Mauchleys und Eckerts Firma ist nun Teil der Rand Corporation. Der UNIVAC I ist technisch weit ausgefeilter als seine Vorgänger, was auch der Arbeit der später hochdekorierten Informatikerin Grace

Hopper zu verdanken ist, die unverständliche binäre Zahlencodes in eine wesentlich deutlichere Programmiersprache umsetzte. Doch immer noch ist manuelles Rechnen zuverlässiger und preiswerter.

Der agilen Marketingabteilung von Remington Rand ist das mehr als bewusst. Im Jahr 1951 lässt sie einen epischen Werbespot für den UNIVAC anfertigen. David Gugerli beschreibt dessen Inhalt so: »Das eben erst gegründete Unternehmen mobilisierte die ganz große Kulisse, um seinem ›Universal Automatic Computer‹ eine geeignete Bühne für den filmischen Auftritt zu bieten. Von den Pyramiden bis zu den Wolkenkratzern [...] wurde in Wort und Bild alles aufgefahren, was zu den Fundamenten und Erfolgen, zur Geschichte und zur Zukunft der Menschheit zählte.« Und weiter: »Der Auftritt des UNIVAC stellte [die] Zivilisationskulisse in den Schatten – und auf neue Grundlagen: In Zukunft sollte das ganze Welttheater von den Rechenkünsten der Maschine profitieren.«[83]

Remington Rand etablierten den Apparat mit dem Schwerpunkt »bürokratische Massenverarbeitung von Daten am digitalen Fließband«.[84] Auch hier integrierte man die industrielle Ideologie vollständig – und das war nun kompatibel mit dem, was Managern seit Jahr und Tag eingebläut worden war. Sie hatten es hier offensichtlich mit etwas Vertrautem zu tun, einer datenverarbeitenden Fabrikanlage, »die am Eingang mit Rohdaten gefüttert wurde [...] welche nach einer ganzen Reihe von Verarbeitungsschritten«[85] sauber und ordentlich Ergebnisse ausspuckte. Die ersten UNIVAC-Inserate, die in Zeitschriften und Magazinen erschienen, zeigen einen Mann mittleren Alters mit Brille und dunklem Anzug vor einer schreibtischähnlichen Bedieneinheit. Daraus ragt ein dickes weißes Kabel hervor, das eine Weltkugel umschließt. Damit war klar, dass man keine radikalen Änderungen erwarten durfte, nur eine neue Technologie, die Kontinuität versprach.

Im Jahr 1952 stehen Präsidentschaftswahlen in den USA an, als Harry Trumans Nachfolger hat sich der legendäre Oberkommandierende der alliierten Streitkräfte in Europa, Dwight »Ike« D. Eisenhower positioniert. Die Amerikanerinnen und Amerikaner sind zu diesem Zeitpunkt nicht dem Computer, sondern dem Fernsehen verfallen, der neuesten Medientechnologie. Im Wahlkampf schickt CBS den aufstrebenden Reporter Walter Cronkite, der später zum berühmtesten aller Nachrichten-Moderatoren-Journalisten werden sollte, in seinen ersten Außeneinsatz.[86] Die Sendung wurde *coast to coast* ausgestrahlt, damals eine Ausnahme. Zig Millionen sahen zu, wie Cronkite und ein Kollege das »Elektronen-Gehirn« erklärten, und zwar so, als ob es sich um ein Lebewesen aus Fleisch und Blut handelte. »Rechts vom Univac sehen wir etwas, was wie eine Schreibmaschine aussieht. Auf diese Weise spricht der Univac. Und jetzt summt er still vor sich hin und wartet auf die Zahlen.«[87] Tatsächlich lieferte der UNIVAC ein klares Ergebnis für Eisenhower, der auch die Wahlen gewann. Sofort verbreiteten die Propagandisten die Geschichte, dass dem UNIVAC gelungen war, woran Menschen vermeintlich scheiterten, den Ausgang einer Wahl zu prognostizieren. Wir sind heute, viele Fehlberechnungen später, schlauer. Tatsächlich war Eisenhower keineswegs der Außenseiter, als den ihn die werbetreibende Industrie hinstellte, um ihren Computer besser aussehen zu lassen, sondern deutlicher Favorit.

In Deutschland übrigens gab es Mitte der 1960er-Jahre eine veritable politische Krise, weil sich der im Fernsehen vor sich hin arbeitende IBM 1620 zuungunsten der SPD grob verrechnete, was führende Parteifunktionäre zu heftiger Kritik an der Technik verleitete.[88]

Hilfe kam aus Hollywood. Nicht nur die Amerikaner waren in den 1950er-Jahren technik- und zukunftsverrückt, alles war gut, wenn es mit Strom lief, alles war cool, wenn es irgendwie von Wissenschaftlern und Technikern erdacht worden war. In jedem der zahlreichen Science-Fiction-Filme wurde der Mythos der schlauen Maschine gestärkt, stolperten mal hilfreiche, mal rasende Roboter durchs Bild und erzeugten eine Zukunftsvision, die mit der digitalen Realität nichts zu tun hatte.

Die Computer wie jener, der ab 1957 in Form eines IBM-Rechners bei VW in Wolfsburg lief oder bei der Allianz in München, stellten dagegen Schecks aus und buchten und druckten banale Vorgänge, speicherten Datenbanken und verbrauchten in erster Linie sehr viel Strom.[89] Thomas Watson Junior, der Sohn des Firmengründers von IBM, hatte den Schreib- und Rechenmaschinenkonzern zum wichtigsten Computerhersteller gemacht – ein ziemliches Risiko übrigens.

In den 1950er-Jahren wurden nach dem UNIVAC I weltweit etwa 8.000 Computersysteme installiert, kaum eines war mit dem anderen kompatibel, nicht einmal dann, wenn sie vom selben Hersteller kamen. Noch am Ende des Jahrzehnts kostete die Monatsmiete eines Rechners mittlerer Leistungsfähigkeit zwischen 35.000 und 80.000 D-Mark.[90] Der Gegenwert war meist Hoffnung und das Image, ganz vorn mit dabei zu sein.

Der Sputnik-Schock

Am 4. Oktober 1957 fiepte es aus jedem Radio, das war Sputnik, der Welt erster künstlicher Erdtrabant – und noch dazu einer der Sowjets. Was in den kommunistischen Ländern für Jubel sorgte, stürzte die westliche Welt in eine tiefe Depression. Die Russen hatten nun in der Spitzentechnologie der Raumfahrt die Nase vorn. Dass die Russen irgendetwas in den Orbit schießen konnten, das war auch der Beweis dafür, dass sie über Interkontinentalraketen verfügten. Das war nicht erfreulich.

Der Sputnik-Schock stellte Fragen, die das Pentagon mit »Wir haben nicht genug Naturwissenschaftler« beantwortete. Die Sowjetunion, so vermutete man, bildete zwei- bis viermal mehr Ingenieure aus als die Amerikaner. Präsident Eisenhower ordnete eine Technikrevolution an. Dabei gab es kaum eine Begrenzung der Mittel, und die Gründung der *Advanced Research Projects Agency (ARPA)*, die heute nach wie vor als zentrale Vermittlungsstelle von Hochtechnologie und Verteidigungssystemen der USA fungiert, war der Beginn einer beispiellosen Investitionswelle ins Digitale. Es ist eine Ironie der Geschichte, dass ausgerechnet Eisenhower die Weichen dafür stellte. Er kannte als Berufsoffizier genau die von Rüstungsfirmen und Technikverkäufern stark übertriebenen Risiken, die auf Sicherheitslücken dort und – meine Güte! – auch hier hinweisen.

Eisenhower war auch klar, dass das Militär in seiner Forderung nach mehr Ressourcen ebenso unersättlich war wie die zuliefernde Industrie. Als er die Amtsgeschäfte an den neu gewählten Präsidenten John F. Kennedy übergab, warnte er in seiner berühmten Fernsehansprache vom 17. Januar 1961 die Amerikanerinnen und Amerikaner vor den Folgen der Macht des »militärisch-industriellen Komplexes«, der durch das Wettrüsten zu einem »unberechtigten Einfluss« gekommen sei. »Die Gefahr für den katastrophalen Aufstieg fehlgeleiteter Kräfte ist vorhanden und wird weiter bestehen. Wir dürfen nie zulassen, dass die Macht dieser Kombination unsere Freiheiten oder unsere demokratischen Prozesse gefährdet.« Und: »Jede Waffe, jedes Kriegsschiff, jede Rakete ist letztlich Diebstahl. Die Kosten eines modernen, schweren Bombers entsprechen einem modernen Backsteinschulhaus in mehr als 30 Städten.«[91]

Doch auch unter seinem Nachfolger Kennedy gingen die Rüstungsausgaben weiter in die Höhe, und nach knapp anderthalb Jahren, im Oktober 1962, stand die Welt kurz vor einem Atomkrieg. Als Erbe der Kennedy-Administration übernahm nach der Ermordung JFKs sein Amtsnachfolger Lyndon B. Johnson einen de facto angefangenen Krieg in Vietnam, der nach dem in Korea zum nächsten großen Stellvertreterkrieg des Kalten Krieges werden sollte. Und für all das wurden Computer gebraucht, mehr Computer und mehr Know-how, was deren Vernetzung und Sicherheit anging.

6

Der Digitalismus.

Der Mensch als Maß aller Dinge, auch der Intelligenz. Und wie sich Technologie in Ideologie verwandelt.

»Der Naturwissenschaftler muss vor allem anderen darum bemüht sein, bei seinen Urteilen sich selbst auszuschalten.«

Carl Pearson, The Grammar of Science, 1892

»Der Schaden, den Computer potenziell anrichten können, hängt weniger davon ab, was ein Computer kann oder nicht, sondern welche Eigenschaften das Publikum ihm zuschreibt.«

Joseph Weizenbaum, Die Macht der Computer, 1976

»Die Mathematik (und ihre verwandten Simulationen) kann [...] in die Irre führen [...] Dies als Warnung vor einer Faszination durch einen ›Computerismus‹ – wofür es höchste Zeit ist.«

Stanislaw Lem, Die Technologiefalle, 1995 (das Jahr des globalen Durchbruchs des World Wide Webs)

Menschenbilder

»Der Mensch ist das Maß aller Dinge« – was der griechische Philosoph Protagoras wusste, klingt erst einmal banal. Schade, dass wir das nicht ernst nehmen, denn wir können gar nicht anders. Menschen sind keine Götter. Sie sind auch in ihrer Wahrnehmung auf das beschränkt, was sie sind – in allem spiegeln wir uns wider, auch in Maschinen und Ideen.

Der Fachbegriff dafür lautet *Anthropozentrismus* – eine lateinisch-griechische Kombination, die so viel wie *Mensch im Mittelpunkt* bedeutet. Im Zusammenhang mit KI und Robotik ist das Wort von entscheidender Bedeutung.

Im Jahr 1944 führten der aus Deutschland stammende Psychologe Fritz Heider und seine Kollegin Marianne Simmel ein richtungsweisendes Experiment durch. Dabei verwendeten sie einfachste Trickaufnahmen in Schwarz-Weiß. Wir sehen ein großes Dreieck, ein kleines Dreieck, einen Kreis und einige Linien, die mal auf einer Seite offen sind, mal sich zu einem Rechteck schließen. Dann sieht man, wie die Dreiecke kollidieren, der Kreis und die Linien sich schneller oder langsamer in die eine oder andere Richtung bewegen.

Heider und Simmel stellten ihren Versuchspersonen die Aufgabe zu beschreiben, was sie hier zu sehen bekämen. *What are you feeling?* – das war die Forschungsfrage. Die Antworten zu dem knapp anderthalb Minuten kurzen Film sind durchweg gleich: Das große Dreieck belästigt den Kreis und das kleine Dreieck und lässt sie nicht in Ruhe. Die beiden Dreiecke kämpfen um den Kreis. Und als schließlich das kleine Dreieck und der Kreis aus dem Bild verschwinden, lautet die Interpretation mehrheitlich: Den beiden ist es gelungen, dem bösen Dreieck zu entkommen. Manche interpretieren das, was sie sehen, auch anders, nicht als Kampf-, sondern als Liebesszene mit Eifersucht und schließlich Happy End für die Liebenden. Aber was sie tatsächlich alle gesehen haben, hat mit diesen Antworten nichts zu tun. Sie sahen ein großes, ein kleines Dreieck, einen Kreis mit einigen

Linien, die sich über eine weiße Fläche bewegten. Mal schneller, mal langsamer.[92]

Simmel und Heider wollten die Beziehung zwischen unserer Wahrnehmung und unserer Interpretation aufzeigen und wie Menschen Bedeutungen zuordnen. Warum Menschen im Experiment das so sahen, wie sie es sahen, erklärt sich mit dem Begriff des *Bias*, was man mit *Verzerrung* oder *Voreingenommenheit* übersetzen könnte.

Der Bias ist eine kognitive Verzerrung, die einen breiten und weiten Komplex »systematischer fehlerhafter Neigungen beim Wahrnehmen, Erinnern, Denken und Urteilen aufweist«[93]. Wir sehen, was wir sehen wollen, hören, was wir hören wollen, und denken, was wir denken sollen.

Die Naturwissenschaften und die formale Logik scheinen gegen derlei immun zu sein – jedenfalls ist das ein wesentlicher Grund, warum wir sie *objektiv* nennen. Aber ist das so? Auch Wissenschaftlerinnen und Wissenschaftler sind nicht davor gefeit, ihre Weltsicht auf ihre Arbeit zu übertragen. In den Feldern der Geistes- und Sozialwissenschaften ist das, bei allen gegenteiligen Beteuerungen, klar. Aber Naturwissenschaftler? Kühle Rechner? Auch sie haben einen Thalamus, der eingreift, wenn sie etwas nicht verstehen oder überfordert sind. Das Ding, aus dem Griechischen übersetzt *das Schlafgemach*, sitzt zentral im Zwischenhirn und reguliert unsere Reize herunter, damit wir uns auf das gerade Wesentliche konzentrieren zu können. Hier wird unser Bild von Realität hergestellt. Keines davon deckt sich mit dem irgendeines anderen Individuums auf der Welt vollständig. Die Wirklichkeit ist jeweils das, was wir dafür halten.

Wenn wir uns das vergegenwärtigen, würden wir bei Begriffen wie *Intelligenz* oder *Verstand* schon etwas demütiger werden, nicht wahr? Dazu kommt, dass wir – wie die Versuchspersonen der Heider-Simmel-Experimente – allen Dingen unsere menschlichen Eigenschaften überstülpen. Der *Anthropomorphismus*, also die Verwandlung aller Dinge, die wir wahrnehmen können, in menschliche Dimensionen, Vorstellungen und Werturteile, ist im Verhältnis Mensch – Maschine von allergrößter Bedeutung und wird in der gegenwärtigen Diskussion um die künstliche Intelligenz gewaltig unterschätzt.

Ein paar Beispiele: Kinder, die eine Dampflokomotive sehen, sind sich ziemlich sicher, dass diese Maschine lebt, »weil sie schnauft und hustet und prustet«, wie man oft hören kann. Menschen sprechen mit ihrem Auto, wenn es nicht anspringt, unfreundlicher, als wenn es brav vor sich hin schnurrt, aber sie sprechen mit ihm, wenigstens die meisten, und viele geben der Maschine mit vier Rädern auch noch einen Namen, wie einem Angehörigen. Fast selbstverständlich gehen wir davon aus, dass unsere Haustiere die Welt so sehen und darüber so denken wie wir. Staubsaugerroboter bekommen Namen. Und natürlich Computer. Denn die »denken« ja, weil sie nach den Kriterien formaler Logik rechnen, was wir als »Entscheidungen treffen« fehlinterpretieren. Erst recht, wenn sie sich als Chat-Agents mit dem Hinweis »Ich bin künstlich intelligent« versehen und menschliche Dialogprozesse simulieren, wenn sie sprechen, fragen und antworten. Wir gehen unserer eigenen Illusion auf den Leim.

Animismus

Und umgekehrt: Ist die künstliche Intelligenz dann nicht doch nur der Spiegel unserer natürlichen Intelligenz? Denn wer hat sie denn geschaffen, und wer interpretiert sie als Intelligenz? Sind die leblosen Dinge, Dreieck, Rechner, Algorithmus, nicht vielleicht doch am Leben, weil wir sie durch die bloße Zuschreibung dazu erwecken?

Der Begriff des *Animismus* (von *anima*, dem lateinischen Wort für *Seele*) ist ein fester Bestandteil menschlicher Vorstellungen, so weit wir in der Geschichte zurückschauen können. Damit meint man jenen Komplex aus »spirituell-religiösen Glaubensformen«, die hinter oder besser gesagt in alltäglichen Dingen und Erscheinungen – also auch Maschinen – beseelte Objekte vermuten. Alles lebt, irgendwie. Animismus macht es möglich, dass Tote zu unsterblichen Göttern werden, und er macht es möglich, dass Amulette und Kristalle zu Kraftspendern werden, genauso wie die Überreste von Heiligen als Reliquien. Und Animismus macht es möglich, dass wir, wenn etwa eine Maschine, ein Computer oder sonst was nicht mehr funktioniert, wie selbstverständlich sagen: »Das Ding hat den Geist aufgegeben« oder »Es spinnt«. Kann ein Ding so was, den »Geist« aufgeben, also seine »Seele« verlieren, und wie »verrückt« ist ein Verbrennungsmotor, der bei niedrigen Temperaturen nicht anspringt?[94]

Dagegen hilft nur Bildung, Bildung, Bildung und eine ebenso große Portion Bewusstsein und Aufklärung – im klassischen Sinne. Denn die Aufklärung führte, aus gutem Grund, den Aberglauben durch Nachfragen, Prüfen und vor allen Dingen auch Wissen-Wollen vor. Ein Auto hat keine Seele, ein Computer keinen Verstand. Alles andere ist ein Aberglaube, der auf der gleichen Stufe steht mit Marienerscheinungen, wunderwirkenden Knochen von Heiligen oder der Vorstellung, dass man, wenn man das Gehirn seines Gegners isst, gleichsam dessen Stärken übertragen bekommt.

Der vielseitig gebildete Historiker, Ethnologe und Religionswissenschaftler Karl-Heinz Kohl von der Frankfurter Goethe-Universität hat in einem Beitrag im Mitteldeutschen Rundfunk aus dem Jahr 2021 zum Thema »Beseelte Dinge« deutlich gemacht, wie sehr die Smartphone-wischenden Konsumentinnen und Konsumenten von heute mit ihren vor vielen Zehntausenden Jahren durch die Steppe ziehenden Vorfahren verwandt sind. Das Anthropomorphisieren, das Vermenschlichen der Dinge, ist eine Konstante, und »insofern ist der Unterschied zwischen dem klassischen animistischen Denken und dem, was heute geschieht, gar nicht so groß«[95], so Kohl.

Kohl verweist etwa auf Siri, den Sprachassistenten der Apple Corporation, der seit der Verbreitung der iPhones und damit dem Beginn der Smartphone-Ära ab 2008 zu einer Art vertrauten Stimme geworden ist. Nicht wenige Menschen können sich bis heute nicht einmal annähernd vorstellen, welche komplexen Berechnungen für die Simulation einer Stimme nötig sind. Die simulierte Stimme eines Menschen erweckt den Eindruck, es mit einem Menschen zu tun zu haben. Hier sehen wir, wie schwierig es ist, unter normalen Alltagsbedingungen kritisch hinterfragend mit KI umzugehen. Das Vortäuschen falscher Tatsachen ist ihr »technisches Wesen«. Wir vermenschlichen technische Prozesse, indem wir die unbelebte Technik »animieren«, also beleben.

Siri reagiert aber nur wie ein ganz simpler Schaltkreis auf das, was man ihr eingegeben hat. Das gilt für alle anderen Spracheingaben auch, ebenso für die heute so gehypten KI-Chatbots und die LLMs (Large Language Models), also das Konzept der lernenden semantischen Maschine. Computer »lernen« aber nicht, sie werden programmiert, auch dann, wenn sie durch Routinen einen erheblichen Teil dieser Arbeit selbst durchführen können. Sie sind nicht in der Lage, eine Lösung zu finden, die nicht vor ihnen schon Menschen gefunden haben.

Kinder und Erwachsene

Der Schweizer Biologe Jean Piaget, der als Vater der Entwicklungspsychologie gilt, hat einmal festgehalten, dass der Animismus eine Art Kinderkrankheit des Menschen ist, denn Kinder, so Piaget, würden ihre bereits vorhandene Fähigkeit zu mentaler Logik und kritisch-vernünftigem Denken durch magisches Denken und Animismus einschränken. Plüschtiere, Gegenstände, Spielsachen, Bücher, sie alle haben eine »Seele«, und wenn sie, weil kaputt, von den Eltern einfach in den Müll geworfen werden würden, dann wäre das noch für ein Grundschulkind eine Katastrophe, die dem Mord an einem geliebten Menschen gleichkäme. Das gilt auch für Geschichten, Märchen, Sagen und selbstverständlich Maschinen, die lebendig werden, schnaufen und keuchen, rasseln und husten. Erwachsenwerden, so Piaget, würde sich dort vollziehen, wo man vom Primat des Animismus und der Magie Abstand nimmt.

Viele Menschen heute glauben, dass eine künstliche Intelligenz, die von Algorithmen gesteuert wird, den Gesetzen formaler Logik unterliegt und aus einer gewissen Anzahl von genau definierten Prozessen besteht, *denkt,* und dass durchschnittliche Menschen, wie es die Teilnehmerin eines Seminars stellvertretend für so viele andere sagte, »wirklich sehr in Sorge sein müssen, dass wir da mithalten können«.

Damit geben wir Dingen und Gegenständen Macht. An diesen Gegenständen allerdings hängen, fast unbemerkt, Menschen, die Interessen haben: dass wir ihnen unsere eigene Macht zu Füßen legen und kaufen, kapitulieren und kuschen. Es gibt keine Technologie, mit der Menschen mithalten müssen, nur umgekehrt wird ein Schuh draus. Das zu wissen, macht digital erwachsen.

Die Evangelisten des Digitalen

Wer die formale Logik an die Stelle des alten Aberglaubens setzt, wird enttäuscht werden. Rechner und Computer, Algorithmen und Modelle sind ausgezeichnete Werkzeuge und Helfer bei den Problemen, für die sie geschaffen wurden, aber das ist eben nur ein kleiner Teil jener Problemstellungen, mit denen wir Menschen zu tun haben. Der neue Aberglaube, der nicht nüchtern Vor- und Nachteile der Digitalisierung abwägt, heißt *Digitalismus*, und er wird immer anmaßender.

Ab den 1980er-Jahren nennt der Computerkonzern Apple, der eine besondere Rolle in diesen Glaubenskriegen einnimmt, seine Markenbotschafter *Evangelists*, also Evangelisten, Apostel, Missionare, jene Mitarbeiter und Funktionäre des frühen Christentums, die die Religion in Umlauf brachten und für ihre Etablierung sorgten. Der erste *Evangelist* von Apple heißt Guy Kawasaki, der Marketing-Mann für den Macintosh. Das Marketing spielt im Digitalismus, ganz besonders heute im Kontext der KI, die Rolle eines *Dicasterium pro doctrina fidei*, der Zentralbehörde also, mit der der Vatikan Ende des 16. Jahrhunderts seine katholischen Doktrinen durchsetzte – der Startschuss für die Inquisition. Die Propaganda hat den Zweck, alle, die nicht kompatibel sind mit den Absatzplänen, als altmodisch, überholt, unbrauchbar zu diskreditieren. Digitalismus wendet sich an Junge, die noch nicht viel wissen, und an Alte, die Angst haben, man könnte sie aussondern aus dem Arbeitsprozess oder anderweitig sozial ächten.

Nun geschieht die Ausbreitung des Digitalismus ja im Namen des wahren, rechten Glaubens, und der wird gleichgesetzt mit Realitätssinn – eine Lüge, die aber verfängt, weil wir gewöhnt sind, uns Schlagworten wie Effizienz, Optimierung und Produktivität zu unterwerfen. So wirbt ein erfolgreicher KI-Berater mit dem Slogan, seine Empfehlungen würden »garantiert 30 Prozent mehr effiziente Prozesse« mit sich bringen. Das erinnert an die Werbungen von Psychosekten, die den totalen spirituellen Durchbruch versprechen – wenn man nur ihre teuren »Services« in Anspruch nimmt. Wir fragen: Welche Effizienz? Wodurch? Und für welche Prozesse? Aber niemand fragt all das, weil auch die Manager von Digitalem zu wenig verstehen, um nicht den Evangelisten vertrauen zu müssen. Und ist das nicht alles eine gute Sache im Namen der Nüchternheit, der Objektivität? Nein, eben nicht.

Selfies und Heuristiken

Selbst wenn einmal konkrete Prozesse um 30 Prozent effizienter (womit, auch ein Irrtum, fast immer nur »billiger« gemeint ist) laufen sollten: Viele Menschen ziehen aus dem Nutzen des technischen Fortschritts falsche Schlüsse. Die Technologie, die im Büro rationalisiert und Roboter steuert, damit sie feste Abläufe schneller erledigt als jeder Mensch, kann noch lange nicht dafür eingesetzt werden, um komplexe und per se unberechenbare Probleme von Gesellschaften und Individuen zu lösen.

Menschen und ihre Werke sind genau das: unberechenbar. Krieg, die Entwicklung der Finanzmärkte, Krankheiten, Schicksalsschläge, gute und schlechte Überraschungen pflastern unseren Lebensweg. Das ist schwer zu ertragen, und deshalb flüchten sich Menschen in Oberflächlichkeiten, Glaubenssätze und Scheinsicherheiten. Das Marketing ist zuständig dafür, so zu tun, als ob – als ob alle gleich klug, gleich schön, gleich kreativ und gleich interessant wären. Aber das ist eine Lüge, die dem Selbstbetrug vorausgeht. Marketing und Konsumgesellschaft sind untrennbar miteinander verbunden, und sie führen zur Aufmerksamkeitsökonomie, in der Selfies und Selbstdarstellung – der Rummel also – wichtiger sind als die Person und ihre Eigenschaften. LinkedIn, TikTok, Instagram, sie alle fördern dieses digitale Fegefeuer der Eitelkeiten. Machen wir uns das bewusst.

Aber geht denn das immer und überall, vernünftig und reflektiert nachzudenken? Die meisten Entscheidungen, die wir treffen, sind – das sagen uns Verhaltensökonomen und Psychologinnen – Heuristiken, also Entscheidungen unter unvollständigem Wissen, manchmal so wenig davon, dass man besser überhaupt nur von *Bauchgefühl* sprechen sollte. Daniel Kahneman, der 2002 mit Vernon L. Smith den Alfred-Nobel-Gedächtnispreis für Wirtschaftswissenschaften erhielt, hat gemeinsam mit seinem Kollegen Adam Tversky die Verhaltensökonomik maßgeblich geprägt. Sein *Bestseller Schnelles Denken, langsames Denken* lehrt uns, dass vieles, was wir für rational halten, gar nicht aus dem Kopf kommt, sondern aus dem Bauch.

Homo oeconomicus

Kahneman hat dabei an etwas ganz Konkretes gedacht: Der Homo oeconomicus, der Wirtschaftsmensch, gilt als Grundmodell des rational handelnden und logischen Managers und Unternehmers. Fragt man Betriebswirtinnen, Marketingleute und Vertriebler danach, ob sie sich logisch und rational verhalten, dann antworten gewiss die allermeisten davon mit Ja. Wer allerdings dann analysiert, was das in der Praxis der Arbeit und Organisation – vom Privatleben ganz zu schweigen – heißt, stellt schnell fest, dass die Vorstellung, man gehöre zu den eiskalt logischen Entscheidern, eine Illusion ist. Man tut und handelt nach Mustern, Traditionen, Hörensagen, ohne kritische Überprüfung, aus dem Bauch heraus. Die Sache wird nicht besser, wenn dabei Zahlen ins Spiel kommen. Zahlengläubigkeit – die Vorstellung, die Wahrheit stehe in Bilanzen, Quartalsberichten, Statistiken und Charts – ist auch nichts anderes als Animismus. Auf dem Papier steht, was dort stehen soll. Und es wird gelesen, wie man es lesen will.

Der Homo oeconomicus ist auch nur ein Mensch. Den Namen erhält er vom Schweizer Ingenieur und Ökonomen Vilfredo Pareto an der Wende vom 19. zum 20. Jahrhundert. Ihm geht es darum, den für die Industrialisierung typischen nüchternen Rechner, der allein seinen Interessen folgt, darzustellen. Mit mechanistischer Sicherheit sucht dieser Homo oeconomicus seinen Vorteil. Das passt gut in die Zeit. Modelle und Eindeutigkeit sind auch politisch beliebt. Benito Mussolini, der Kopf des italienischen Faschismus, verehrt Pareto und beruft sich bei seinen Entscheidungen immer wieder auf ihn. Das mechanistische Denken ist bei Totalitären besonders beliebt. Alles eine Frage der Technik, der Mechanik. Man muss es nur glauben und nachmachen.

Mach es wie die IBM

Wenn Systeme, Branchen, Länder und Glaubenssätze in die Krise geraten, schlägt die Stunde der Missionare. Bush verspricht goldene Zeiten nach dem Krieg dank *Memex*. Doch zehn Jahre später stagniert das Geschäft. Es ist wie mit der Atomkraft, bei der in einem Slogan von Westinghouse Electric Strom »too cheap to meter«, zu billig, um überhaupt noch verrechnet zu werden, versprochen wird. Tatsächlich sind die Bauherrn der Atomkraftwerke bald dafür berüchtigt, ihr Budget teilweise um mehr als 1000 Prozent zu überschreiten. Das schaffen sonst nur noch Computer – wie wir bereits beim UNIVAC gehört haben. Die Lücke zwischen Heilsversprechen und Wirklichkeit wird mit einer Mischung aus neuen Versprechen, aber auch Drohungen gefüllt. Versprochen wird wie immer mehr »Produktivität« (wir werden gleich sehen, was davon zu halten ist), und man hört die alte Leier, dass man, falls man sich der neuen Technik verweigert, unweigerlich pleitegehen wird.

Dagegen steht eine – auch wenig rationale – Kritik an Digitalem, die völlig überzogen ist. Die Automatisierung wird alle arbeitslos machen, Roboter erobern die Welt, und das bisschen Wohlstand, das seit dem Ende des Krieges erwirtschaftet wurde, verschwindet. Gewerkschaften und Medien, die auf *bad news are good news* setzen, bringen sich in Stellung: »Zwischen Amerika, England und der Sowjet-Union ist seit Kriegsende ein scharfer Wettbewerb im Gange, möglichst vielseitige und ›immer schneller denkende‹ Elektronengehirne aufzustellen. In Amerika wurde bereits vor Jahren das Codewort ›Automation‹ für diese modernste Form der Betriebswirtschaft geprägt«, schreibt der Spiegel in seiner Ausgabe 31/1955[96].

Die »Revolution der Roboter« und »Der Vormarsch der Roboter« wechseln sich schlagzeilenmäßig nicht nur bei den Hamburger Magazineuren ab. Automation, Robotik, das sind Bereiche der Industrie, die keine Menschen brauchen. Der Computer ist dabei die denkende Werkzeugmaschine, ein »elektrisches Robotergehirn« (Der Spiegel, 1955)[97], der neue starke Arm, den alle fürchten müssen – die Arbeiter, die wegrationalisiert werden, ebenso wie die Politik, die sich nun der rational handelnden Maschine gegenübersieht. Und dann wird auch IBMs neuer Boss Thomas Watson Jr. zitiert: »Unsere Maschinen befreien den menschlichen Geist, indem sie ihm langweilige Routinearbeit abnehmen.«

Watson Jr., der Sohn des Firmengründers, ist stark von den Reformern des Managements und Vordenkern der Wissensgesellschaft geprägt. Peter Drucker, Warren Bennis und andere werden vom Manager hoch geschätzt. Früher als andere antizipiert Big Blue (wie IBM auch genannt wird) den Doktrinwechsel der Wirtschaft, weg vom Primat der Industrie, hin zur Wissensarbeit. Das liegt natürlich auch ganz auf der Linie des Geschäftsmodells.

Die Kunden nutzen das allerdings nicht als Anregung zum eigenen Denken, sondern öfter zum Mitlaufen mit dem Konzern. IBM wird groß und größer, und wer auf »Nummer sicher« gehen will mit der Digitalisierung, setzt auf Big Blue. Jahrzehntelang gilt der Satz: »Noch nie ist ein IT-Beauftragter gefeuert worden, weil er IBM-Produkte eingesetzt hat.« Ein paar Jahrzehnte später wird IBM durch Microsoft ersetzt. Dann wurden durch den blinden Eifer beim Aufbau des Internets Milliarden versenkt, und heute wiederholt sich dieses Spiel im KI-Hype – allein OpenAI hat im Jahr 2024 rund 5 Milliarden Dollar verloren.[98] Aber wen interessiert das schon? Wir machen ja nur mit. Alles davon ist »schnell gedacht«, oberflächlich, faul. Wir machen das, was alle machen, dann kann uns niemand einen Vorwurf machen, wenn es schiefgeht.

So wird, wie im Spiegel der 1950er-Jahre, Automation mit natürlicher Intelligenz gleichgesetzt. Die falsche Einschätzung der KI baut auf dem Grundirrtum des Industrialismus auf, dass Denkroutinen die einzige Ausdrucksform des menschlichen Geistes sind. So wirbt Westinghouse Electric in den 1950ern mit einem Roboter im US-Fernsehen, der immer wieder krächzt: »Mein Gehirn ist größer als deins!« – dabei sollen nur Küchenmixer und Radios verkauft werden.

Der Computer ist eindeutig ein Werkzeug der *Automation*, und es zeigt sich, dass Automation und Rationalisierung mit erfolgreichem *Denken* gleichgesetzt werden. Es existiert schon damals kein Unterschied mehr in der Bewertung mechanischer Abläufe und kreativer, natürlicher Intelligenz. Der Computer und der Roboter schaffen nichts Neues, sie ersetzen nur. Sie nehmen die Tätigkeit von Arbeitern und Maschinen auf, ersetzen Schreibmaschine und Telefon, Fernschreiber und Buchhaltungskonto-Blatt, machen all das bequemer und schneller, aber alle Vorteile, unterm Strich, sind das Ergebnis von Optimierung. Das ist hier nochmals wichtig zu verstehen: Denn die Geschichte der Digitalisierung war ja nie das Versprechen, dass man schneller und billiger zu dem kommt, was wir schon kennen, unter Umgehung sozialer Rechte und Vernichtung von Gesellschaftsverträgen im großen Stil. Die Geschichte war die Erzählung eines Fortschritts, der die Welt besser macht.

Opportunistische Intelligenz in Hanover, New Hampshire

Das 1769 gegründete Dartmouth College in Hanover im US-Bundesstaat New Hampshire hat ein schönes Motto: »Vox clamantis in deserto« – die »Stimme des Rufenden in der Wüste«. Man kann das als Appell des Vernünftigen und Mahnenden gegen die Masse an Mitläufern interpretieren, den Aberglauben und die Unwissenheit zu bekämpfen. Diesbezüglich wird das Dartmouth College seinem Motto keinesfalls gerecht.

Aber der Reihe nach: Am Dartmouth College treffen sich zwischen Mitte Juni und Mitte August 1956 die jungen Informatiker John McCarthy, Marvin Minsky, der angesehene IBM-Mitarbeiter Nathaniel Rochester und Claude Shannon von den Bell Labs. Shannon war bekannt dafür, ein Schachprogramm für Computer geschrieben zu haben. Er nährte dabei die Idee, dass Schachcomputer »intelligent« seien. Für McCarthy und Minsky ist die Konferenz ein guter Deal, sie bekommen 1.200 US-Dollar an Forschungsgeldern ausbezahlt, weit mehr, als sie in ihren Jobs verdienen. Im Jahr 1956 ist ein Dollar so viel wert wie heute 12.[99]

McCarthy ist ein überzeugter Behaviorist und Sprecher der Gruppe. Für ihn ist der Mensch eine Maschine, und deshalb ist es auch kein Problem, eine denkende Maschine zu bauen, nur eine, die fehlerfreier ist als ihr natürliches Vorbild. Die Rockefeller Foundation zahlt für diesen Unsinn 13.000 Dollar aus. Dafür stapelt der »Erfinder« des Begriffs *künstliche Intelligenz*, für den McCarthy sich ausgibt, hoch, wo es geht. Er behauptet etwa, er habe John Nash vom Institute for Advanced Studies, wo Einstein und von Neumann lehrten, als Teilnehmer gewonnen – allerdings: Der spätere Nobelpreisträger (und Hauptfigur in *A Beautiful Mind*) weiß davon nichts. Stattdessen kommen Herbert Simon, in der Industrieverwaltung in Pittsburgh tätig, und sein Kollege Allen Newell.

McCarthy schreibt den Förderantrag im August 1955, was als *Dartmouth Proposal* bekannt geworden ist: »Wir schlagen vor, im Laufe des Sommers 1956 über zwei Monate ein Seminar zur künstlichen Intelligenz mit zehn Teilnehmern am Dartmouth College durchzuführen. Das Seminar soll von der Annahme ausgehen, dass grundsätzlich alle Aspekte des Lernens und anderer Merkmale der Intelligenz so genau beschrieben werden können, dass eine Maschine zur Simulation dieser Vorgänge gebaut werden kann. Es soll versucht werden, herauszufinden, wie Maschinen dazu gebracht werden können, Sprache zu benutzen, Abstraktionen vorzunehmen und Konzepte zu entwickeln, Probleme von der Art, die zurzeit dem Menschen vorbehalten sind, zu lösen, und sich selbst weiter zu verbessern. Wir glauben, dass in dem einen oder anderen dieser Problemfelder bedeutsame Fortschritte erzielt werden können, wenn eine sorgfältig zusammengestellte Gruppe von Wissenschaftlern einen Sommer lang gemeinsam daran arbeitet.«[100]

Vor 70 Jahren behauptet also eine Gruppe weitgehend unbekannter Junginformatiker, dass sie es in einem Sommer hinkriegen, nicht nur die Strukturen der menschlichen Intelligenz zu analysieren (die bis heute weitgehend unbekannt sind), sondern sie auch noch in Maschinenform zu überführen. Das ist jene Art Größenwahnsinn, der wie geschaffen ist für das Marketing der damals lahmenden Computerindustrie. Die Hochstapelei verwandelt sich vor den Augen einer ahnungslosen Öffentlichkeit – Medien und Politik – in ein modernes Wunder. Natürlich ist zum Ende des Sommers von Ergebnissen weit und breit nichts zu sehen. McCarthy redet sich auf die mangelnden Speicherkapazitäten bei Computern heraus, »um viele der höheren Funktionen des menschlichen Gehirns zu simulieren«. »Das größte

Hindernis«, so liest man staunend weiter, sei aber »unsere Unfähigkeit, Programme zu schreiben, die das, was wir haben, voll ausnutzen«. Das klingt einsichtiger, aber ist es nicht. Denn immer ist das Wort »noch« im Spiel. Noch können wir das nicht, aber bald. So reden die Leute heute auch über das, was die KI kann, wenn sie nicht wissen, wie sie funktioniert. Das ist der Grund, warum Unternehmen und Menschen viel Geld in eine Branche stecken, die grandiose Verluste schreibt. Und gelegentlich wird einfach dreist behauptet, das »noch« stehe vor der Tür. Frechheit siegt, wenn Naivität und wenig Sachverstand im Spiel sind.

1958 schreiben Simon und Newell: »Es gibt nunmehr in der Welt Maschinen, die denken, lernen und schöpferisch tätig sind. Darüber hinaus wächst ihre Fähigkeit auf diesen Gebieten zunehmend, bis – in absehbarer Zukunft – der Bereich von Problemen, die sie bearbeiten können, sich mit dem Bereich deckt, der bis jetzt dem menschlichen Denken allein vorbehalten war.«[101]

Dr. Strangeloves Problemlösungsmaschine

Bei Joseph Weizenbaum[102] finden wir wieder Äußerungen von John McCarthy und Konsorten 18 Jahre später zum Thema, diesmal hat McCarthy es bereits zum Leiter der Artificial-Intelligence-Abteilung der Stanford University geschafft, und er wird immer noch gern von den Medien zitiert, weil er dann Sachen sagt wie: »Der einzige Grund dafür, dass es uns bisher nicht gelungen ist, jeden Aspekt der realen Welt zu simulieren, ist der, dass wir noch nicht über ein genügend leistungsfähiges Rechenprogramm verfügen. Ich arbeite zurzeit an diesem Problem.«

Das ist der Lebenssatz McCarthys, eines mechanistischen Hochstaplers, der bis heute von KI-Marketing-Leuten als »Vordenker« gefeiert wird. Größenwahn macht Karriere. Simon und Newell arbeiten für die RAND Corporation, der sie das Konzept eines *General Problem Solver (GPS)* angedreht haben, eine Art Weltdenkmaschine, die jedes Problem auf dem Planeten lösen kann. Journalisten sind begeistert, Simon und Newell werden berühmt, und die RAND, der der Betrug schwant, sagt zur Rettung ihrer Reputation (und der Regierungsgelder) gar nichts dazu. GPS löste nie ein Problem, schaffte es aber immerhin in die Tragikomödie *Dr. Strangelove* des britischen Regisseurs Stanley Kubrick, wo – kurz vor der Auslöschung der Menschheit durch wechselseitige Atomschläge der Supermächte – eben jener Dr. Strangelove das »Elektronengehirn« im Sinne des General Problem Solver damit beauftragen möchte, die »Besten und Gesündesten fürs Überleben in den Bunkern auszuwählen«[103], die nach dem globalen Atomkrieg, den die »Weltvernichtungsmaschine«, ausgelöst hatte, weiterleben sollen. Diese Doomsday-Waffe ist der Zwilling des GPS.

Die Halbstarken der KI berufen sich auf Alan Turing, der sich nicht mehr dagegen wehren kann. Seine »unnatürliche Neigung«, Turing war homosexuell, sollte mit erzwungenen Hormonbehandlungen »bekämpft« werden. Englands Behörden trieben den Mann, der ihnen entscheidend dabei half, den Krieg zu gewinnen, in den Tod. Krank und gebrochen nahm sich Turing am 7. Juni 1954 das Leben.

Vier Jahre zuvor hatte Turing noch den nach ihm benannten Test erdacht: Schafft es ein Computer, im Dialog mit einem Menschen mindestens 30 Minuten vorzutäuschen, dass er ein Mensch ist, dann solle man von *künstlicher Intelligenz* sprechen.

Turing hat den Test stets als *Imitation Game*, als *Imitationsspiel,* bezeichnet; so lautete auch der ursprüngliche Titel seines Aufsatzes, den er 1950 als *Computing Machinery and Intelligence* an der Universität Manchester veröffentlichte. Er glaubte nicht an intelligente Computer, Agenten, Software oder sonst welche denkenden Maschinen. Es ging um Imitation, Simulation. Das ist ein entscheidender und riesiger Unterschied zur Marketing-Behauptung der künstlichen Intelligenz, wie sie heute verbreitet wird.

Heute wird verallgemeinernd über künstliche Intelligenz (KI oder AI für englisch *artificial intelligence*) gesprochen – auch das ist ein Täuschungsversuch, dem Ding etwas zuzuschreiben, was es nicht hat. Abseits von den Versprechungen der Simons, Minskys und McCarthys etablierte sich in der Informatik die klare Unterscheidung zwischen »schwacher« und »starker« künstlicher Intelligenz.

Was heißt das? Verwenden wir hier die Definition der renommierten Technischen Hochschule Würzburg-Schweinfurt, wie man sie auch auf ihrer Website nachlesen kann. Dort steht:

»Die schwache KI (auch als methodische KI bezeichnet) besitzt keine Kreativität und keine expliziten Fähigkeiten, selbstständig im universellen Sinne zu lernen. Ihre Lernfähigkeiten sind zumeist auf das Trainieren von Erkennungsmustern (Machine Learning) oder das Abgleichen und Durchsuchen von großen Datenmengen reduziert.

Mit ihr können klar definierte Aufgaben mit einer festgelegten Methodik bewältigt werden, um komplexere, aber wiederkehrende und genau spezifizierte Probleme zu lösen. Die besonderen Vorzüge der schwachen KI liegen in der Automatisierung und im Controlling von Prozessen, aber auch der Spracherkennung und -verarbeitung. Zum Beispiel: Text- und Bilderkennung, Spracherkennung, Übersetzung von Texten, Navigationssysteme etc.

Auch digitale Assistenzsysteme wie Alexa, Siri und Google Assistent gehören zur Kategorie der schwachen KI.«[104]

Die schwache KI kann also Routinen, Automatisierung, alles, was auch die Maschinenwelt der Industriegesellschaft prägte. Maschinenlernen ist Mustererkennen, wozu auch die Large Language Models (LLM) wie ChatGPT gehören. Sie sind keineswegs »intelligent«, auch wenn sie bei unbedarften Nutzern und Nutzerinnen diesen Eindruck erwecken.[105]

Die sogenannte starke künstliche Intelligenz hingegen sähe nach dem Stand der Forschung so aus:

»Die Realisierung einer starken KI ist noch nicht in greifbarer Nähe: Die Zielsetzung des Konzeptes der starken KI ist es, dass natürliche und künstliche Intelligenzträger (bspw. Menschen und Roboter) beim Arbeiten im selben Handlungsfeld ein gemeinsames Verständnis und Vertrauen aufbauen können.

So könnte beispielsweise eine effiziente Mensch-Maschine-Kollaboration erlernt und ermöglicht werden. Eine starke KI kann selbstständig Aufgaben erkennen und definieren und sich hierfür selbständig Wissen der entsprechenden Anwendungsdomäne erarbeiten und aufbauen. Sie untersucht und analysiert Probleme, um zu einer adäquaten Lösung zu finden – die auch neu bzw. kreativ sein kann.«[106]

Das Problem ist: Solche soliden Klarstellungen gibt es zuhauf. Aber kaum jemand liest sie. Und auch die Hochschule, die hier sachlich richtig informiert, hat offenbar eine Marketingabteilung, der die Wirklichkeit nicht zugkräftig genug ist. Denn auch auf den Seiten der Technischen Hochschule Würzburg-Schweinfurt gibt es mittlerweile absurde Übertreibungen zur KI – mit dem Slogan »Das Gehirn als Denkmaschine«[107] werden primitive Ressentiments geweckt. So machen es viele: Dabeisein beim Hype ist alles, und Drittmittel werden halt nur vergeben, wenn man mit Versprechungen klotzt – und nicht kleckert. Wissenschaft? Marketing. Das Problem: Gelesen und verbreitet werden die unzulässigen Vermischungen, die von Werbern und Marketern erstellt werden. Die KI auf unserem Smartphone ist so wenig intelligent, wie die »Alpenmilch«-Schokolade von der Alm kommt. Beide fallen vom Fließband.

Aber der Vermarkter arbeitet eben mit menschlichen Archetypen, bei denen erst Dinge, dann Maschinen mit Menschen verwechselt werden. Digitalismus ist nicht Digitalisierung, sondern ein Aberglaube, der auf der Unkenntnis dessen baut, was Computer, Netzwerke, Software und Algorithmen können und was nicht. Unbildung und Propaganda schlagen sich auf den Verstand.

Nehmen wir hier nur einmal die »Vision« der vertrauensvollen Zusammenarbeit zwischen den »Intelligenzen«. In der Industrie wurde der Mensch der Maschine angepasst. Wer in der Fabrik arbeitet, macht die Handgriffe, die die Maschine vorgibt. Der Fabrikarbeiter, die Fabrikarbeiterin »bedient« die Maschine, folgt dem vorgegebenen Takt.

In der Vorstellung der starken künstlichen Intelligenz denken wir bereits gemeinsam. Dass derlei gesagt werden kann, liegt daran, dass Bildung meist als reines Auswendiglernen, Wiederholen, also Routinedenken, verabreicht wird. Ist das erst einmal »gelernt«, ist es nur ein kleiner Schritt zur Vorstellung, dass ein Werkzeug, das Routineaufgaben ausführt, ebenfalls denkt. Der Bediener setzt das Werkzeug mit sich selbst gleich, weil sie beide nur monotone Tätigkeiten verrichten.

Bildung, die nur in einer Anpassungsleistung besteht, führt natürlich weder zu digital noch sonst wie erwachsenen Menschen. Bildung, die auf die einzelnen Talente eingeht, ist aus Kostengründen aber nur wenigen zugänglich. Für den großen Rest gilt: Mach, was man dir sagt! Es ist kein Wunder, dass derart trainierte Menschen einer derart trainierten Software, die das Label »intelligent« verpasst bekommt, vertrauen.

Die Bildungsexpertin und Autorin Silke Müller, die in ihrem Bestseller aus dem Jahr 2023 mit dem Titel »Wir verlieren unsere Kinder«[108] über die Probleme einer Schule berichtet, die vor dem Hintergrund digitaler Allgegenwärtigkeit nach wie vor viel zu wenig Selbstbestimmung und kritisches Hinterfragen lehrt, kennt die Defizite aus eigener langjähriger Praxis als Lehrerin.

Was könnten die Grundlagen einer neuen Bildung im Zeitalter von Tablet, Smartphone und KI sein? »Die Frage ist doch, wie wollen wir miteinander leben, auch digital«, sagt Müller. »Kinder brauchen eine Haltung und ein Handwerk. Haltung heißt neugierig, kritisch, verantwortungsvoll sein. Handwerk heißt: sich orientieren, gestalten, schützen, zusammenarbeiten können. Wer das kann, wird vom Konsumenten zum Gestalter, vom Mitläufer zum Souverän, zum kritisch denkenden Menschen, was für eine Demokratie nie wichtiger war als heute.«[109] Und sie ergänzt: »Digitale Räume sind echte Räume – warm oder kalt, einladend oder ausschließend. Respekt, Toleranz, Höflichkeit sind die Bedingungen für Sicherheit, einen friedvollen Umgang miteinander und vor allem für Menschlichkeit. Digitale Zivilcourage heißt: nicht wegsehen, wenn andere verletzt werden, Betroffene stärken, melden, Haltung zeigen. Zuhören, nachfragen, beistehen, unterstützen – besonders für die, die leise sind.«[110]

Die richtige Wertebildung, die richtige Haltung, die in einem guten Verhältnis aus Selbstständigkeit und Sicherheit besteht, ist der Rahmen, in dem Menschen sich entwickeln können. Wo das fehlt, kann nicht erwartet werden, dass der »Ausgang aus der selbstverschuldeten Unmündigkeit«, wie Immanuel Kant in seiner Schrift »Was ist Aufklärung?« sagte, auch gelingt, also die Reifeprüfung der Realität, die sich im digitalen Raum natürlich nur spiegeln kann.

Erwachsensein hat, wie auch die Wissensgesellschaft, viel mit der Fähigkeit zu tun, Probleme zu lösen, die nicht nach Schema F auf uns zukommen – die also eine Lösung abseits von Methoden, Formeln und scheinbaren Gewissheiten brauchen.

Und wie sieht es denn mit dieser individuellen Problemlösungsfähigkeit bei KI aus? Probleme lösen heißt Antworten geben, kreativ, schöpferisch, innovativ sein. »Das Gehirn als Denkmaschine?« Meine Güte. Hier haben wir wieder die eingeengte Sicht der Mathematik auf den Begriff eines Problems. Tatsächlich sind Probleme aber hochkomplexe soziale, kulturelle und individuelle Sachverhalte, die eine jeweils passende – dem Zusammenhang oder dem Kontext entsprechende – Lösung brauchen, und keine maschinelle oder mechanistisch »richtige« Rechenlösung.[111] Maschinen fehlt diese Kontextkompetenz, die aus Niederlagen und Siegen, aus Frustration und Erfolgen, aus Gefühlen und Wissen, aus Tausenden einzelnen menschlichen und persönlichen Motiven und Stimmungen heraus entsteht.

Eine der schönsten Parabeln dazu stammt vom bereits erwähnten Arthur D. Clarke, dem Mann, der im Zusammenhang mit fortgeschrittener Technologie davon sprach, dass sie »von Magie nicht zu unterscheiden sei«, also von Zauber, einschließlich des faulen Zaubers, der damit getrieben wird. Clarke schrieb das Drehbuch zu einem der größten Meisterwerke der Filmgeschichte, Stanley Kubricks

2001 – A Space Odyssee. Der Film kam im Jahr 1968 in die Kinos, einem Jahr großer gesellschaftlicher Umbrüche und – von Studenten- und Jugendbewegungen getrieben – kritischer Zweifel am mechanistischen Weltbild.

Im Film fliegen Astronauten mit ihrem Raumschiff *Discovery* Richtung Jupiter, drei davon im Tiefschlaf und zwei wach. Das Raumschiff wird komplett vom künstlich intelligenten Bordcomputer HAL 9000 gesteuert. HAL kommuniziert über ein rotes Licht, das gelegentlich flackert, und hat eine angenehme, sanfte Stimme, wenn er mit den Astronauten spricht. Clarke beschreibt HAL als unfehlbaren Charakter, und in seiner dem Drehbuch zugrunde liegenden Geschichte *Der Wächter* tauchen dazu fast alle Visionen der KI-Elite wie McCarthy und Simon auf. Die Menschen sind nur Deko. HAL, die KI, ist der Geist. Nur er kennt den Missionsplan. Die Menschen, die HAL gebaut haben, vertrauen Menschen nicht. Der Maschine aber trauen sie alles zu. Die Maschine ist der bessere Mensch, so, wie er sein soll. Clarke hat klar gesehen, wie wir denken.

»Ich habe Angst, Dave«

Doch die Maschine versagt. Sie behauptet einen Defekt am Antennensystem, den es nicht gibt. Die Astronauten Dave Bowman und Frank Poole überprüfen das, indem sie eine Nachricht an die Erde senden, die bestätigt wird. Und der Schwestercomputer von HAL 9000 (der digitale Zwilling, über den wir im Schlusskapitel noch sprechen werden), bestätigt den Verdacht der Astronauten, dass HAL 9000 nicht korrekt funktioniert. Offenbar will HAL 9000 aber die Verbindung zwischen den Menschen auf der Erde und im Schiff kappen. Dave und Frank erkennen das und besprechen sich, die Funktionen von HAL abzuschalten – Schritt für Schritt. Ihm ist nicht zu trauen. Doch HAL liest über seine Kamera die Lippen der beiden Menschen ab. Dann tötet er die drei tiefschlafenden Astronauten in ihren Kojen, danach

Frank Poole. Dave bleibt allein zurück, und in einem dramatischen Zweikampf Maschine gegen Mensch setzt er sich letztlich durch. Er zieht dem Computer die Zähne, seinen Arbeitsspeicher. Der Mensch übernimmt die Führung. Es gibt keine Augenhöhe zwischen uns und der Maschine.

Als HAL merkt, dass es mit ihm zu Ende geht, zieht er die wichtigste Karte: Er sagt: »Ich habe Angst, Dave.« Wer Angst hat, lebt. Maschinen aber sind angstfrei, sie kennen keine Furcht. Das macht sie als Werkzeug und im Kriegsfall so famos. Sie schrecken vor nichts zurück. Drohnen und Roboter desertieren nicht, und niemand kann mit ihnen, wenn sie gefangen werden, den Gegner moralisch erpressen. »Ich habe Angst, Dave« ist aber genau das: Die vermeintlich starke künstliche Intelligenz spielt mit unseren angeborenen Instinkten und unseren sozialen Verhaltensweisen. HAL macht sich klein, hilf- und wehrlos. Aber das ist nur ein Betrug, eine Masche, eine Manipulation, es ist nicht echt. Diese Masche macht aus der Perspektive des Marketings viel Sinn. Denn wenn Menschen glauben, dass Maschinen Gefühle haben, glauben sie bald auch, dass sie denken können, also intelligent sind.

Würden die Leute den Schwindel aber durchschauen, dann fänden sie in HALs Verhalten einen Hinweis, wie natürliche Intelligenz aussieht: nicht nur kalt, nüchtern, berechnend, sondern immer auch Gefühle und Stimmungen aufnehmend, reflektierend, ängstlich, unsicher, zweifelnd, sich mühsam nach vorn arbeitend. Alles, nur nicht nach Schema F.

In seinen letzten Sekunden lässt der Autor Clarke HAL ein Kinderlied singen, *Daisy Bell*, in der deutschen Synchronfassung *Hänschen klein*. Das ist die Wahrheit, und nichts kann sie ändern: Dave ist der Erwachsene. HAL hingegen tut so, als sei er ein Kind, um sich zu schützen, ein kaltes, programmiertes Kalkül.

Der Computer simuliert menschliches Verhalten, weil Menschen ihn erdacht und gebaut haben. Ja, es steckt menschliche, natürliche Intelligenz in den Werkzeugen und Prothesen. Nicht die Maschine irrt sich, sondern die Menschen, die sie so programmiert haben. Menschliches Versagen in Maschinenform also. Es gibt kein Entrinnen: Wir sind die, die verantwortlich sind. Außer uns ist nichts und niemand da, dem wir die Schuld geben könnten. Unangenehm.

Die Reiz-Reaktions-Maschine

Im Jahr 1913 veröffentlicht der amerikanische Psychologe John B. Watson sein Konzept des Behaviorismus, eine dogmatische Lehre vom menschlichen Verhalten. Der Mensch ist darin nichts anderes als eine Reiz-Reaktions-Maschine, die sich frei programmieren lässt und die – auf Knopfdruck – die gewünschten Ergebnisse liefert. Eine ideale industrialistische Vorstellung.

Watson verspricht, dass er jeden Menschen, vorausgesetzt, er kann ihn schon als Kleinkind »trainieren«, zu allem machen kann, was man sich wünscht. Können und Kreativität, Intelligenz und Begabung? Alles nur eine Sache der Programmierung! Es müssen nur die richtigen Codes ins Gehirn geladen, der Speicher beschrieben werden. Der Rest läuft dann nach Programm.

Der Historiker David O. Clark[112] beschrieb es so: »Watson verspricht, dass, wenn man ihm ein gesundes Baby gibt, er dessen Charakter beliebig formen kann. Man kann es zu einem Banker, einem Bauern oder einem Mechaniker machen. Das ist ein Ansatz, der von der Gleichheit der Menschen ausgeht. Und er verspricht den Amerikanern, dass, wenn man ihn als Psychologen konsultiert, er ihnen und ihren Kindern helfen wird, erfolgreich zu sein in diesem Land, das wirtschaftlich wächst, sich ausdehnt und all diese Chancen bereithält.«

Der Journalist Jakob Epler hat darauf hingewiesen, dass es hier einen Zusammenhang zu Iwan Petrowitsch Pawlow gibt, der das Prinzip der Konditionierung bei Hunden erforschte. Hunde speicheln, wenn sie Futter sehen. Und wenn man zur Futtergabe immer einen bestimmten Klang, etwa den einer Glocke, erklingen lässt, dann genügt es irgendwann völlig, nur noch zu klingeln, damit der Hund Speichel produziert – der Knopf ist gedrückt.

Wie David O. Clark es sagt: »Es ist eine Theorie, die Industriellen gefällt. Weil sie für sie bedeutet, dass sie jede beliebige Person für jede beliebige Aufgabe ausbilden können. Abschätzig betrachtet könnte man sagen, dass Menschen nur noch eine Funktion in einer Maschinerie erfüllen, und man kann sie beliebig gegeneinander austauschen.«[113]

Eliza Doolittle

Der Geist der Maschine bestimmt alles. Der Mensch soll »funktionieren«. Management, Psychologie, Politik – ganz besonders die totalitären Systeme des 20. Jahrhunderts – sie alle unterwerfen sich dieser Doktrin. Im Laufe der Zeit werden zwar die Konzepte des Behaviorismus kritisiert, aber nicht abgelegt. Sie überdauern bis heute, wie man an der Überschätzung der Möglichkeiten der KI sieht. Wir nehmen die Allmachtsfantasien nicht ernst, weil sie so normal sind. Wir haben gelernt, Menschen so zu formen wie Henry Higgins in George Bernard Shaws Komödie *Pygmalion* seine Eliza Doolittle (die Verballhornung von *too little* – zu klein also, kindlich, nicht ernst zu nehmend, dysfunktional), ein Werk, das just im selben Jahr erschien, in dem Watson seinen Behaviorismus präsentierte.

Der Behaviorismus der KI-Gründerväter ist geradezu extrem. »Eine Ameise, die man als ein sich verhaltendes System ansieht, ist recht einfach. Die offensichtliche Komplexität ihres Verhaltens über einen längeren Zeitraum hinweg ist weitgehend ein Ausdruck der Komplexität der Umwelt, in der sie sich befindet«, schrieb Herbert Simon[114] und ergänzte: »Ich für meinen Teil glaube, daß diese Hypothese sogar für den ganzen Menschen gilt.« Er, Simon, habe »Beweismaterial aus einer Reihe menschlicher Verhaltensweisen studiert, vor allem jener, die in den Laboratorien der Psychologen untersucht worden sind«, und er fühle sich weitgehend bestätigt: »Nur der menschliche Stolz kann behaupten, die offenkundige Komplexität der Verhaltensweisen des Menschen hätte eine ganz andere Ursache als die der Ameise.«

Das hätte auch Stalin, Hitler und Mao gut gefallen, und mechanistische Zeitgenossen klatschen ebenfalls Applaus. Die Ameise ist der Inbegriff des organisierbaren Insekts, fleißig bis zum Tod, ohne eigenen Willen, immer im Dienste der Gemeinschaft, die sich bei genauerem Hinsehen aber nicht als Gruppe oder Verband, sondern nur als Ameisenkönigin entpuppt. Davon träumt jeder Faschist. Der freie Wille ist eine Illusion, rufen die Simons und Hitler-Stalin-Mao-Fans. Der Mensch will, was er soll. Fertig.

Die Macht der Computer und der gesunde Menschenverstand in Zeiten der Digitalisierung

In die Welt des Behaviorismus wurde Joseph Weizenbaum 1923 in Berlin hineingeboren. Der Sohn eines jüdischen Kürschners emigrierte mit seinen Eltern 1936 in die USA, wo das Ausnahmetalent Joseph Mathematik studierte. Weizenbaum stürzte sich nach 1945 mit Begeisterung auf die neue Computertechnik und arbeitete bald an der Entwicklung der ersten Großrechner mit. Im Jahr 1952, als die UNIVACs laufen lernten, warb ihn die General Electric Corporation als Computer-Ingenieur an. Dort entwickelte er vor allem Systeme für Versicherungen und Banken. In den 1960er-Jahren wurde er an das führende technische Institut der USA berufen, das Massachusetts Institute of Technology (MIT), das in der Verbreitung der Idee der Digitalisierung eine enorme Rolle spielen sollte. Am MIT wurde der Geist Vannevar Bushs hochgehalten, und spätere Direktoren – wie der in den 1990er-Jahren bekannt gewordene MIT-Chef Nicolas Negroponte – waren unermüdliche Werber für die neuen digitalen Netzwerke.

Weizenbaum war am MIT derjenige, der sich federführend um die künftige Schlüsseltechnologie *Internet*, damals noch unter dem Begriff *Arpanet*, kümmerte und auch an Modellen arbeitete, mit denen Turings *Imitation Game*, der Turing-Test, erfolgreich absolviert werden konnte. Das war bisher noch niemandem gelungen. Bisher hatten Testpersonen schnell durchschaut, dass auf der anderen Seite der Strippe ein Computer »saß« und vortäuschte, ein Mensch zu sein. Joseph Weizenbaum änderte das.

Im Jahr 1966 wurde Weizenbaum weltberühmt. Er präsentierte zwei Programme, die den Turing-Test offensichtlich mühelos bestanden: »ELIZA« (benannt nach Miss Doolittle) und insbesondere das darin enthaltene Dialog-Script »DOCTOR«, das Synonym für einen vermeintlichen Psychiater.

DOCTOR simuliert ein Therapiegespräch, bei dem die personenzentrierte Gesprächstherapie des amerikanischen Psychotherapeuten Carl Rogers[115] als sprachliche *honey trap* dient. »Hallo, wie geht es dir heute?«, fragt ELIZA, und der Klient fühlt sich direkt angesprochen.

Es entspinnt sich ein Dialog zwischen Mensch und Maschine, bei dem ELIZA immer wieder durch die im Grunde simple Rogers-Gesprächstherapie, mit der sie programmiert wurde, den Menschen den Eindruck gibt, sie hätten es mit einem fühlenden Mitmenschen zu tun.

Doch es ist nur eine Masche der Maschine, genauer: des ihr von Menschen beigebrachten Programms. Aber selbst Fachleute glaubten in Scharen, sie hätten es mit einem künstlich intelligenten, ultimativen Therapeuten zu tun, der nun die Psychotherapie revolutionieren könne.[116]

Weizenbaum war entsetzt. Nicht nur Therapeuten – etwa auch Carl Rogers – und ausgesprochene Kritiker des Behaviorismus fielen in Massen auf das Ding herein. »Ich schrieb ein Programm, das nichts als Theater war«, so Weizenbaum, »ich aber weiß, was hinter den Kulissen ist. Ich weiß auch, wie trivial es ist.«

Das ist ein Hinweis auf etwas ganz Entscheidendes, das in der aktuellen Debatte um die KI heute untergeht. Wie ELIZA sprechen auch ChatGPT, DeepSeek, Gemini und andere Chatbots mit uns. Und wie die gebildeten Akademikerinnen und Akademiker, die in Scharen auf ELIZA und DOCTOR hereinfielen, lassen sich die sogenannten Digital Natives betrügen. Weizenbaum sagte, dass ELIZAs Intelligenz im Kopf der Betrachter und Betrachterinnen entsteht. Er wird weitere zehn Jahre später sein Buch *Die Macht der Computer und die Ohnmacht der Vernunft* schreiben, das bis heute ein Meilenstein im Kampf um Verstand und gegen den Digitalismus ist.

Natürlich kann uns eine semiotische Maschine, ein Computer, der mit Sprachmodellen gefüttert wird, täuschen. Aber wie leichtfertig sind wir, wie unkritisch, dass wir das dauerhaft glauben, nicht hinterfragen? Es müsste doch eigentlich heute gerade dort Skepsis vorm Bildschirm herrschen, wo sich Programme als besonders »menschlich« ausgeben. Sind wir nicht mehr in der Lage, Original und Kopie auseinanderzuhalten? KI-generierte Videos, Betrugsmaschen, sie überziehen das Netz. Woran liegt es denn, dass so wenige fragen, ob das, was wir sehen, echt sein kann? Warum vergessen wir das kritische Zweifeln, das Mittel der Wahl der Aufklärung?

In einer Studie der Allianz Trade[117] aus dem Jahr 2025 wird vor den immens gestiegenen Gefahren von Fakes im Zeitalter der KI-Agenten gewarnt. Gefälschte Stimmen von scheinbar vertrauten Mitarbeitenden am Telefon und dem Mail-Schreibstil des Chefs oder der Chefin nachempfundene Nachrichten boomen. Damit der Betrug nicht auffliegt, sind Mitarbeitende, denen kritisches Zweifeln gründlich abgewöhnt wurde, entscheidend. Sie tun, was der Chef oder die Chefin verlangt. Wer nachfragt, wenn er oder sie eine Überweisung angeordnet hat, wird angeschnauzt. Dann machen wir es eben. So läuft es in so vielen Organisationen – damit können Betrüger gut Geld machen.

Die Allianz-KI-Fake-Expertin Marie-Christine Kragh empfiehlt als wichtigsten Schritt gegen die zunehmende KI-Kriminalität »Offenheit: Eine gute Fehler- und eine offene Unternehmenskultur sind die wichtigsten Hebel gegen kriminelle Machenschaften.« Selbstbewusste Mitarbeitende, die rückfragen, statt nur zu »parieren«: ein wesentlicher Schutz.

Und wenn das nicht reicht: Die schwache KI schlägt ihre verlogene Schwester mit den eigenen Mitteln. Es gibt mittlerweile KI-Agenten, die gefakte Audio- und Videosignale entlarven können. So werden Fotos und Videos untersucht, ob Gesichtsausdruck und Mimik bis ins Detail, dem Augenzwinkern und der Bewegung kleiner Gesichtsfalten, dem echten menschlichen Vergleichsobjekt entsprechen.[118] Unsere Sehgewohnheiten sind für die Technologie noch untertrainiert, aber das wird sich ändern.

Der digitale Übermensch

Menschen machen Fehler. Alle Probleme kommen von diesen Fehlern. Gäbe es sie nicht, wäre unserem Streben keine Grenze gesetzt. Mit dieser Einsicht plagte sich schon Dante in seiner göttlichen Komödie, als er den Begriff des *Übermenschen* schuf. Damit ist ein Mensch gemeint, der die irdischen Problemchen abwirft, um Leiden und Krankheit, aber auch Körperlichkeit hinter sich zu lassen. Der Übermensch ist auf dem Weg zum Gott.

Der deutsche Philosoph Friedrich Nietzsche formuliert in seinem *Ecce Homo* (Was für ein Mensch) 1888 das Konzept: Übermensch ist, wem es gelingt, etwas zu schaffen, das höher entwickelt ist als er selbst.[119]

Bis zu den Träumen von einer starken KI, die uns alle ersetzt, ist es jetzt nur noch ein kurzer Weg im Kopf. Wie alle gemeingefährlichen Ideen kommt auch dieser Wahnsinn als menschenfreundlich daher. Im 19. und 20. Jahrhundert glaubten nicht nur Nazis daran, dass es besser sei, geistig behinderte Menschen zu töten, um »ihrem Leiden ein Ende zu setzen«. Der »Gnadentod«, die Euthanasie, war überdies auch kostengünstiger für die Gemeinschaft.

Was soll man schon machen mit all den hunderten Millionen Menschen, die überflüssig werden, wenn die Routinearbeit durch die KI erledigt wird? Es ist erschreckend, wie auffallend ruhig die gesellschaftliche Debatte darüber ist. Was macht man mit denen, die »nicht mit der KI mithalten können«?

Würde man Ray Kurzweil, Erfinder und Leiter der Technik-Abteilung von Google, mit solchen Vorwürfen behelligen, würde er diese Verbindung ganz weit von sich weisen, und er hätte auch sehr gute Argumente auf seiner Seite. Die Spracherkennung, die Tastatur für Blinde, aber auch Keyboards für Synthesizer – sie alle wären ohne Kurzweil nicht auf dieser Welt. Bill Gates nennt Kurzweil den bedeutendsten Zukunftsdenker der künstlichen Intelligenz.[120] Googles Mitgründer und Hauptaktionär Sergey Brin verehrt Kurzweil sehr. Vor allem dessen These vom Post- bzw. Transhumanismus hat es ihm angetan. Das ist die Übermenschentheorie der Technokraten, powered by künstlicher Intelligenz.

Kurzweil vertritt in seiner Theorie die Idee der Singularität, bei der Menschen zunehmend verschwinden und durch denkende Automaten und Superintelligenzen ersetzt werden. Gibt es Gott? Kurzweil antwortet auf diese Frage mit »Noch nicht«[121]. Aber er arbeitet daran. Er lässt keine Zweifel an seiner Mission. Der Mensch hat Fehler, offensichtliche geistige und körperliche Defizite. Er wird krank, pflegebedürftig, er stirbt. So weit muss es nicht kommen. Was, wenn Menschen aus reparierbaren Bestandteilen gemacht würden? Die Prothetik – in der Kurzweil große Verdienste erwarb – lässt heute Beinamputierte schneller laufen als Athletinnen und Athleten auf zwei echten Beinen. Die »Behinderten« sind doch die, die eben keine Prothesen haben, keine Herzschrittmacher, keine Implantate, die nicht mittels Technik länger und besser leben. Die Evolution ist zu langsam. Wir müssen ran. Erst an das schwache Fleisch. Dann an den fehlerhaften Geist. Implantiert Chips, wo der Verstand nicht für rationale Entscheidungen ausreicht.

Liest man all die Dinge, die Kurzweil seinem großen Fanblock im Silicon Valley erzählt, dann hält man ihn für einen Humanisten. Wer menschliche Existenz aber nicht allein aus der Perspektive der nüchternen Erwägungen von Ingenieuren betrachtet, sieht den Kern: Euthanasie, Menschenzucht, Selektion, Vernichtung lebensunwerten Lebens. So nah sind sich Gut und Böse in dieser Welt.

Wie das bei Alfabet und Google gesehen wird, zeigen Zwischenfälle, die für die Konzernherren peinlich sind, weil sie Dinge erhellen, über die man aktuell noch nicht so gern spricht: Der Computerwissenschaftler und KI-Chatbot-Experte Blake Lemoine gilt als Betriebsunfall. Er erklärte 2022, sein Chatbot LaMDA (Language Model for Dialogue Applications) habe ein Bewusstsein und Gefühle, und auf die Frage, wie er das feststelle, antwortete er: »Es spielt keine Rolle, ob sie ein Gehirn aus Fleisch in ihrem Kopf haben. Oder ob sie eine Milliarde Codezeilen haben. Ich spreche mit ihnen. Und ich höre mir an, was sie zu sagen haben, und auf diese Weise entscheide ich, was eine Person ist und was nicht.«[122] Googles Problem damit war, dass Lemoine das einem Journalisten von *The Economist* erzählt hatte, und deshalb wurde er entlassen. Es wurde – von wem auch immer – ventiliert, Lemoine habe psychische Probleme. Tatsächlich hat er dem Reporter nur erzählt, was Kurzweil seit Jahren behauptet, also der Mastermind von Google.

Der Posthumanismus-Putsch

Im Januar 2025 standen nach der Angelobung Donald Trumps vier Männer im Oval Office neben dem US-Präsidenten: Der rechtskonservative Larry Ellison, Chef von Oracle, OpenAI-Chef Sam Altman, Elon Musk und der Chef der SoftBank, der Geschäftsmann Masayoshi Son, der reichste Mann Japans und nun Sachwalter des 500-Milliarden-KI-Fonds, den Donald Trump seinen Unterstützern nach der Wahl zum Geschenk machte. Masayoshi Son ist ein fanatischer Anhänger des Posthumanismus – er habe sein restliches Leben ganz der schnellen Entwicklung einer Superintelligenz geweiht, die die »Fähigkeiten eines normalen Menschen um das 10.000-Fache« übertreffen soll, so der weltweit wichtigste Mann in der Finanzierung neuer KI-Projekte.

Da sind sie wieder, die Gestalter des Übermenschen, die Dr. Strangeloves der KI, nur mächtiger, reicher und technisch besser ausgestattet als je zuvor. Ein Haufen Männer, die reich sind und sich ewige Macht und ewiges Leben erhoffen. Ganz Mensch, ganz Mängelwesen, haben sie Angst vor dem Tod. Doch auch das gehört zum Erwachsensein: die Einsicht, dass wir vergänglich sind.

Wir sind keine Götter, wir sind nicht unfehlbar, wir leben von Anfang bis zum Ende, und wir sind nicht allmächtig. Das, nichts anderes, sagt uns die Vernunft.

7

Die Trickkiste.

Die Psychotricks im Zeitalter der Aufmerksamkeitsökonomie

»KI nützt den Falschspielern, die Sie austricksen wollen, die versuchen, Ihnen etwas zu verkaufen, was Sie nicht wollen. Das Problem ist, dass die Kräfte, die nach Geld streben, verglichen mit denen, die sich sorgen, meistens gewinnen […] Alles, was mit KI gemacht wurde, muss klar gekennzeichnet werden, damit alle, die das sehen, lesen, das auch wissen. Und hoffentlich wird es Gesetze geben, die klare Strafen aussprechen, besonders gegen jene großen Konzerne, die denken, sie kommen immer mit allem davon.«

Steve Wozniak, Mitgründer von Apple,
in einem BBC-Interview vom Mai 2023[123]

Zaunstreichen

Der Begriff *Bananenprodukt* sagte den meisten Menschen bis in die 1980er-Jahre nichts. Dann kamen der Personal Computer, Software, Betriebssysteme. Bald wussten alle, was ein *Bananenprodukt* ist. Was man teuer gekauft hatte, funktionierte selten. Einige beschwerten sich, die meisten schwiegen aber voller Scham, weil sie dachten, es läge an ihnen, wenn sie mit den Hightech-Wundern nicht zurechtkämen. Die Industrie lieferte grüne Bananen, die beim Kunden »reiften«. Alles, was man kaufte, wurde zur Beta-Version. Nichts war fertig. Alles halb.

Das Marketing machte den Pfusch zur Tugend. Die neuen Zeiten verlangten Co-Creation. Kunde und Hersteller würden gleichberechtigt an der Entwicklung arbeiten. Alte Hierarchien würden zertrümmert, und der Benutzer würde vom Verbraucher zum Mitgestalter.

Was für ein Unsinn! Die Kundinnen und Kunden hatten nicht das Geringste mitzureden. Haltet die Klappe und kauft. Schließlich stand hier die eigene Zukunft auf dem Spiel – wer nicht mitmachen wollte, gehörte zum alten Eisen, dessen Karriere war im Eimer! Das Ganze nannte sich seit Beginn der Nullerjahre *Web 2.0*. Die Zwei steht für die zweite Stufe des Internets, dessen Kommerzialisierung durch die Plattformindustrie.

Der Digitalautor Tim O'Reilly schrieb 2005: »Das Web 2.0 ist die Geschäftsrevolution in der Computerindustrie, hervorgerufen durch die Verlagerung ins Internet als Plattform, und ein Versuch, die Regeln für den Erfolg auf dieser neuen Plattform zu verstehen.« Sein deutscher Kollege Peter Glaser hat das weniger opportunistisch, dafür aber deutlicher formuliert: Web 2.0, die Plattformökonomie, das war und ist »Zaunstreichen«.[124]

Das Modell dazu lieferte Mark Twain mit einer Episode aus seinen berühmten Tom-Sawyer-Geschichten. Darin wird Tom von seiner Tante Polly zum Zaunstreichen verdonnert, ausgerechnet am Samstag, wo er doch mit seinen Kumpeln spielen möchte. Tom steht hadernd mit Pinsel und Farbtopf vor dem langen Holzzaun, da taucht sein erster Freund auf. Ob er nicht mitkommen möchte, fragt der Tom. »Nöööö«, sagt Tom, das hier sei doch viel besser! Nichts könnte schöner sein als Zaunstreichen. »Darf ich auch mal?«, fragt dann der Kumpel. Tom ziert sich, nimmt aber dann einen Apfel als kleine Entschädigung dafür, dass ein anderer seine Arbeit macht. Und dann kommen noch alle anderen Kumpels vorbei – und am Ende des Tages hat Tom die Taschen voller Geschenke und Tante Polly einen makellosen Zaun, ohne dass ihr Neffe auch nur einen Finger gerührt hat.

So geht Plattformökonomie, und wer das nicht glaubt, hat bloß noch nicht genau hingesehen. Facebook, X, TikTok, YouTube, Instagram und viele andere mehr. Community, das heißt heute nicht mehr Gemeinschaft, sondern schnelles Geld mit leichtgläubigen Menschen, die ihre Daten verschenken.

Warum machen die Leute da mit? Die Antwort führt ins Menschliche: Wir leben in einer Welt, in der Aufmerksamkeit viel mehr zählt als Wert und reale Ergebnisse, echte Kreativität und Originalität. Die Plattformindustrie kontrolliert diese Aufmerksamkeit, so wie das früher allein das Fernsehen und die Printmedien getan haben. Aufmerksamkeit bekommen ist Bedeutung haben. Wichtig sein. Nicht allein.

Aufmerksamkeit und Einsamkeit

Die Transformation von der Industrie- zur Wissensgesellschaft betreibt diese *Aufmerksamkeitsökonomie* (Georg Franck)[125] nach Kräften. Warum? Informationen sind bereits im Industriezeitalter wertvoller als materielle Güter. In der Wissensgesellschaft werden sie aber zum Rohstoff für jenes Wissen, das alles beherrscht. Innovationen, Chancen, Gelegenheiten, alles hängt davon ab, dass man die richtigen Informationen im Kontext mit dem, was man tut, zu dem Wissen verarbeitet, das sich gut nutzen lässt. Wenn das so ist, dann werden auch die wichtiger, die Bescheid wissen. Damit sind nicht die Fachleute gemeint, die man kaum noch versteht, sondern jene Kohorten an Welterklärern und »Bescheidwissern«, die das Internet, aber auch die Medien bevölkern – jede Talkshow kann hier als Lehrstück dienen. Bescheid wissen ist mitmachen können, nicht einsam sein, Bedeutung haben. Deshalb gibt es so viele Bescheidwisser heute, die ständig Selfies machen, als Foto oder LinkedIn-Eintrag. Oder anders: Alles ist Marketing.

Wer das nicht tut, ist einsamer als je zuvor. Das ist ein unmenschlicher Zustand. Die Psychologie kennt seit gut 40 Jahren den Begriff des *Mattering*,[126] der das »menschliche Bedürfnis, als wichtig wahrgenommen zu werden«, beschreibt. Unwichtig ist, wer ignoriert werden kann. Aufmerksamkeitsökonomisch wertlos, alt, überholt, nicht mal lästig. Einfach nicht da. Deshalb gibt es dafür auch den Begriff *Ghosting*, das heute gang und gäbe ist. Plötzlich antworten Leute nicht mehr auf Mails, reagieren nicht auf Kommunikationsversuche, verschwinden wie ein »Geist«. Das ist perfide, gerade in virtuellen Räumen, und eine Form psychosozialer Gewalt.

Umgekehrt wiederum kann Aufmerksamkeit aber auch als politisches Instrument eingesetzt werden, wenn Politik sich plötzlich für Gruppen interessiert, die vorher völlig unbeachtet blieben. Die Modernisierungsverlierer im amerikanischen Mittelwesten – im industriellen Rustbelt – und im südlich gelegenen agrarisch geprägten Biblebelt wurden von den republikanischen und demokratischen Regierungen schlicht geghostet. Es gab sie nicht. Donald Trump hat das erkannt und direkt an diese großen Wählergruppen appelliert. In Europa gehen Populisten ebenso vor. Sie wenden sich an all jene, die keinen Platz mehr hatten in der Gegenwart, erst recht keinen in der Zukunft. Natürlich werden die Versprechen an diese Menschen nicht eingehalten, weil die strukturellen, systemischen Ursachen für den Abstieg der Industriearbeit gar nicht abgeändert werden können. Sie waren im politischen Marketing nicht erwünscht, und wie sollte man auch Menschen helfen, die in den Fabriken und auf den Farmen nicht mehr gebraucht werden, weil Automaten ihre Arbeit tun? Aber nur der Umstand, dass sie endlich, wenngleich auch nur aus niedrigsten Motiven, gesehen werden, sorgt für ihre Loyalität.

15 Minuten Ruhm

Eine andere Variante ist das verkannte Genie, das weitaus öfter »vorkommt«, als man gemeinhin denkt. Viele Leute, die durchaus wenig kreative Berufe ausüben, entwickeln die Idée fixe, eigentlich talentierte Filmer, Autorinnen, Maler oder Sängerinnen zu sein, Schauspieler oder Erfinderinnen. Sie sind leichte Opfer der Aufmerksamkeitsindustrie. Für Anerkennung und Applaus tun sie alles. Andy Warhol hat das 1968 angesichts des Aufkommens der elektronischen Medien korrekt diagnostiziert: »In the future, everyone will be world-famous for 15 minutes.« Gemeint war das als Warnung vor der Trickkiste der elektronischen Medien, die Flüchtigkeit braucht, damit sie immer auf Hochtouren laufen kann.

Auf YouTube lässt sich das exemplarisch lernen. Einige A-Promis und Talente, unendlich viele Wannabes (von *want to be*, Möchtegern) kann man sehen. Sie alle glauben, dass sie große Künstlerinnen sein könnten, brillante Autoren, mitreißende Schauspielerinnen, wenn man sie nur sieht. Das ist die Folge der Gleichheitslüge, die seit Langem erzählt wird. Nein, Menschen haben nicht alle die gleichen Talente. Sie haben unterschiedliche Fähigkeiten. Aber wenn man unentwegt die Geschichte erzählt, man könne es schaffen, wenn man sich nur anstrengt, dann kommt dabei raus, was wir auf YouTube sehen. Das Florence-Foster-Jenkins-Syndrom[127], benannt nach einer talentfreien amerikanischen Möchtegern-Opernsängerin, ist überall.

Niemand will mehr so sein, wie er oder sie ist, nur mehr, wie man sein sollte. Die KI-Plattform-Unternehmer treiben diese Lüge auf die Spitze, indem sie Menschen ohne Begabung zum Schreiben, Malen, Komponieren oder kreativen Denken suggerieren, sie würden ihnen dieses Defizit durch ihre Technologie abnehmen. Das erinnert an den alten Witz, bei dem ein Ehepaar mit seinem Kind beim Psychologen sitzt und der Fachmann ihnen eröffnet: »Nein, Ihr Kind ist nicht hochbegabt, Sie beide sind nur sehr, sehr dumm.«

In der Sozialpsychologie kennt man das Stockholm-Syndrom, benannt nach einem Phänomen, das man bei einem Banküberfall in der schwedischen Hauptstadt beobachtete. Die Opfer, die von Gangstern genommenen Geiseln, solidarisierten sich mit ihren Peinigern. Nicht die sind die Täter, sondern die anderen, die Polizei, der Staat, das System, was auch immer. Auch das ist das Ergebnis einer Mitläuferkultur. Denn dort, wo die Macht ist, und sei es auch nur während einer Geiselnahme, wendet man sich hin, unterwirft sich, redet sich die Beziehung schön. Wer Bananenprodukte kauft, beim Zaunstreichen hilft und überall, wo Meta und Google es verlangen, sein Kreuzchen macht, der legitimiert sein Fehlverhalten dadurch, dass er die, die ihn darauf hinweisen, als Spielverderber und Nörgler, Regulierer und Bürokraten denunziert. Wer das nicht tut, gehört zum alten Eisen, wird nicht gebraucht, kann sozial geghostet werden. Was nicht passt, wird verdrängt. Ein wesentlicher Teil der Geschichte der Digitalisierung hat also etwas mit *kognitiver Dissonanz* zu tun. In der Psychologie meint man damit, dass das, was man tut, mit dem, was man denkt, nicht in Einklang steht. Die Zaunstreicher, Aufmerksamkeitsdefizitären müssen also glauben, dass sie Teil der Digitalisierung sind und man sie dafür sozial anerkennt. Sie sind nicht überflüssig. Sie sind nicht alt. Sie machen mit! Jung! Dynamisch! Selbst wenn eine schlechte Automatisierungslösung sie ihren Job kostet. Verdrängung und Umdeutung spielen eine erhebliche Rolle bei allen Hypes. Lieber eine Illusion haben als abseitsstehen, könnte man sagen.

Davon geht die Realität aber nicht weg.

Peng, peng, peng!

Sergey Brin, 135-facher Milliardär und zusammen mit Larry Page Gründer von Google, war viele Jahre Privatier. Dann tauchte er zu Beginn von Donald Trumps zweiter Amtszeit aus der Versenkung auf, um Google-Mitarbeitenden öffentlich auszurichten, dass ab nun 60 Stunden pro Woche die Regelarbeitszeit seien, alle übrigen Kolleginnen und Kollegen seien als »unproduktiv« und »demoralisierend« einzustufen. Brin ist der Schöpfer des alten Google-Slogans »Don't be evil« – »Sei nicht böse«. Und er ist ein hartgesottener Anhänger der Herrschaft der Technokratie durch KI.

Wie kann das sein? Aus dem ehemals weichen, fast zart wirkenden Brin ist ein Hardliner der KI-Herrschaft geworden. Der Stanford-Doktorand Brin und sein Partner Larry Page waren auf den Spuren von Vannevar Bush und des Hippie-Digeratos (ein verdientes Mitglied der Computergemeinde) Steward Brand ausgezogen, eine wirklich gute Suchmaschine für das Internet zu entwickeln, was ihnen um das Jahr 2000 auch gelang. Wirtschaftlich war das allerdings eine Nahtoderfahrung, Google ging fast pleite. Dann kam der Manager und Informatiker Eric Schmidt, schon damals eine der Leitfiguren des Silicon Valley. Schmidt ist der Architekt der wichtigsten Einnahmequelle Googles, der Online-Werbung, die für rund 238 der 307 Milliarden US-Dollar Umsatz des Konzerns verantwortlich ist. Google kontrolliert damit laut Online-Magazin ADZINE 27,4 Prozent des weltweiten Anzeigenmarktes.

Nach seinem Ausstieg aus dem Google-Konzern beriet er erst Barack Obama und dann Joe Biden während ihrer Präsidentschaft. Als Donald Trump erstmals 2017 ins Weiße Haus kam, konnte er ebenso auf Schmidts Vorarbeit zählen wie 2025.

Von Eric Schmidt sind zwei ausdrucksstarke Zitate bekannt. Das eine lautet: »Wenn es etwas gibt, das niemand von Ihnen erfahren sollte, dann sollten Sie das vielleicht von vornherein nicht tun.«[128] Das Interview, das Schmidt dem Internet-Magazin Gawker.com im Jahr

2009 gab, wurde unter dem Titel »Secrets Are for Filthy People«, also »Geheimnisse sind was für schmutzige Typen«, veröffentlicht.

Das zweite Zitat stammt aus einem Video aus dem Jahr 2024, in dem Eric Schmidt die Hauptrolle spielt. YouTuber kopierten eilig dieses Video, weil sie befürchteten, dass Schmidt seinen Einfluss bei der Google-Tochter nutzen könnte, um den Clip zu entfernen – was auch geschah. Im Video sieht man Schmidt in einer Gesprächsrunde an der Eliteuniversität Stanford. Es geht gerade um das Thema der legitimen Rechte von Urheberinnen und Eigentümern geistiger Werke, die von den KI-Konzernen regelmäßig zum Zwecke des Trainings ihrer KI gestohlen werden. Was die vermeintlich schlaue KI »weiß«, hat sie sich von anderen Leuten geholt. Sie gibt alles als ihre Weisheiten aus. Früher nannte man das *Klauen*. Heute heißt das: *maschinelles Lernen*. Auf die Frage, wie es denn die KI-Unternehmen mit den Rechten anderer Firmen, Urheber, Verwerter halten sollten, antwortete Schmidt in bester Laune: »Es ist wie im Wilden Westen. Peng, peng, peng! Den Rest klären die Anwälte.«[129]

So ist das eben. Peng, peng, peng. Erst schießen, dann die Anwälte schicken, die kleine Kläger und renitente Kunden, Kundinnen und Konkurrenten einfach plattmachen. Das sind sie, »die großen Konzerne, die denken, sie kommen immer mit allem davon«[130], wie Wozniak, der Mitgründer von Apple, im Statement zu Beginn dieses Kapitels sagte. Das geht, weil ihre Kundinnen und Kunden sie das tun lassen. Das ist die große digitale Infantilität. Und so kommt es: Das schmutzigste Geheimnis ist eines, das niemand verbergen muss, weil so viele leichtgläubige Leute darauf hereingefallen sind, dass man es für normal hält. *Don't be evil* reicht nicht: *Don't be stupid.*

Das Zaunstreichen wirkt. »Wir trainieren mit Daten aus dem Internet«, sagen die Konzerne, ganz so, als ob das Internet ein rechtsfreier Raum wäre. Wem gehören die Daten? Den Zaunstreichern, aber auch Kreativen, Verlagen, Menschen, die von ihrer Wissensarbeit leben. Sie werden durch Urheber- und Verwertungsrechte geschützt. Plattformkonzernen ist das egal.

Nun haben aber auch Ganoven eine Ehre. Die Neue Zürcher Zeitung titelte im Januar 2025[131] »Open AI beschwert sich, Deepseek habe ihre Daten geklaut. Dabei basiert Chat-GPT selbst auf einem grossen Datendiebstahl«. In diesem lesenswerten Beitrag wird die Praxis des Schmidt'schen »Peng, peng, peng! « erneut nachvollziehbar. Der chinesische KI-Bot DeepSeek, der sich nur sehr lückenhaft an das Massaker am Tian'anmen-Platz erinnern kann und noch nie etwas von chinesischen Zwangsarbeitslagern gehört hat, hat offensichtlich den Rest seiner famosen »Intelligenz« beim amerikanischen Mitbewerber OpenAI geklaut.

Wir wissen das deshalb so genau, weil die Programmierer des staatlich kontrollierten DeepSeek-Bots eine Funktion namens »Deep-Think«-Modus eingebaut haben, die noch nicht so ganz kompatibel ist mit den Bedürfnissen des Zentralkomitees der Kommunistischen Partei Chinas (aber das wird schon). Ein Nutzer aus dem Westen fragte in diesem Modus an, ob er denn sein Wissen von OpenAI habe, und die Antwort ist erst mal ungewöhnlich ehrlich: »Ich bin von OpenAI entwickelt worden.« Von sich selbst erschrocken korrigiert der Blechtrottel sich aber in: »Ich bin von DeepSeek entwickelt worden, basiere aber auf der GPT-Architektur« (von OpenAI, Anm. d. Verfassers).

Das kann nur zweierlei bedeuten: Entweder hat das amerikanische Unternehmen OpenAI gegen Embargo-Bestimmungen verstoßen, was eine Straftat ist. Oder aber DeepSeek hat OpenAI einfach beklaut, was übrigens wahrscheinlicher ist. Sowohl Microsoft als auch OpenAI beschwerten sich prompt.

Der KI-Experte Gregory C. Allen, Direktor der Forschungsgruppe am Center for Strategic and International Studies in Washington, DC[132], erklärte, dass DeepSeek es eben offenbar geschafft habe, die Daten von OpenAI zu mopsen, um sich die »Eigenleistung« zu ersparen, mit der die Amerikaner ihre Modelle voranbringen, »nämlich Millionen von Webseiten zu analysieren und deren Texte, Musik, Bilder, Videos abzugreifen«[133].

Medien wie das Wall Street Journal, die selbst oft genug Opfer dieser »Intelligenz« der Technokraten werden, konnten ihre berechtigte Häme kaum zurückhalten. »Ach, Schatz, haben sie dich wirklich beklaut?«[134], fragte das renommierte Blatt vor dem Logo von OpenAI. Große Medienkonzerne in den USA führen seit Langem eine Klage gegen die Urheber- und Verwertungsrechtsverletzungen durch OpenAI. Wenn die Regierung die bisherige Rechtslage nicht, wie in anderen Fällen, kippt, dann sieht es düster aus mit der Zukunft des großspurigen KI-Konzerns, der frühestens und unter optimalen Bedingungen 2029 Geld verdienen wird.

Der nächste Gast in der Stanford-»Peng, peng, peng«-Show war nach Eric Schmidt die ehemalige Technologie-Chefin von OpenAI, Mira Murati, die, gefragt, ob sich die von ihr verantwortete KI-Software bei YouTube-und-Co.-Urhebern bedient habe, nicht mehr genau erinnern konnte. Sie wisse nicht, ob OpenAI mit solchen Kopien erstellt wurde, »dabei«, so die NZZ, »ist die Ähnlichkeit zwischen urheberrechtlich geschützten Quellen so offensichtlich, dass jeder Versuch, sie wegzureden, kläglich scheitert«. OpenAI hat die Software, die so etwas macht, originellerweise *Whisper* genannt, das Flüstern, was ganz hervorragend zur damit verbundenen Tätigkeit passt: Wer einbricht und klaut, der tut das leise und macht kein großes Tamtam.

Die New York Times berichtete im April 2024[135], dass Mitarbeitende von Meta (Facebook, Instagram, Mark Zuckerberg) den altehrwürdigen amerikanischen Verlag Simon & Schuster kaufen wollten, um dessen Bücher in das Meta-Trainingstool einzuspeisen. Ein Whistleblower aus dem Umkreis Mark Zuckerbergs lieferte die Daten an die Zeitung weiter, und aus den Audiotapes der Sitzungen gehen die Gespräche des Managements und der Techniker hervor: Sollen wir die kaufen? Oder kommen wir auch so ran? In diesen Gesprächen sagt der Meta-Vizepräsident Ahmad Al-Dahle, der den Geschäftsbereich *Generative KI* verantwortet, deutlich, »dass das Unternehmen zum Trainieren der Modelle nahezu jedes im Internet verfügbare Buch, Gedicht und jeden in englischer Sprache verfassten Aufsatz verwendet habe und daher auf der Suche nach neuen Quellen für Trainingsmaterial sei [...] Mitarbeiter gaben an, diese Textquellen ohne Erlaubnis verwendet zu haben, und sprachen darüber, weitere zu verwenden, selbst wenn dies zu Klagen führe [...].« Den Einwand eines Anwalts, der »›ethische‹ Bedenken hinsichtlich der Verwendung geistigen Eigentums äußerte«, kommentierte niemand der anwesenden Manager und Ingenieure.[136]

Die großen KI-Unternehmen wissen, dass sie Gesetze brechen, sie ermuntern ihre Mitarbeitenden dazu, sie leugnen es, wenn sie dabei ertappt werden, und versuchen Kritiker mit Klagen einzuschüchtern, selbst dann, wenn wie im Fall von Meta und Google-Schmidt der Fall glasklar ist – »den Rest erledigen die Anwälte«. Wenn ehrwürdige und angesehene Digitalinstitute wie das MIT Media Lab Studien veröffentlichen, in denen der Zusammenhang zwischen von Chatbots »erledigten« Hausarbeiten und der zunehmenden Verkümmerung der Gehirnleistung von Schülerinnen und Schülern angeführt werden, dann drohen Plattformen mit Geldentzug und Klagen.

Vorgetäuschte Halluzinationen helfen vor Gericht

Die schwache künstliche Intelligenz verhaspelt sich öfter mal, und auch hier gibt der Anthropomorphismus dem Mythos, dass die KI wirklich Verstand habe, verlässlich weitere Nahrung. Diese Irrtümer kennen alle, die sich schon mal ihre eigene Biografie von ChatGPT oder Gemini haben anzeigen lassen: Da tauchen dann Bücher auf, die man nie geschrieben hat, und Berufsstationen, an denen man nie war, größere biografische Teile sind frei erfunden, klingen aber für Dritte plausibel. Es sind Falschmeldungen, die beim eiligen Zusammenraffen der Diebesbeute im Web und aus Datenbanken entstanden sind, Kollateralschäden beim digitalen Klauen. Dafür hat sich die irreführende

Bezeichnung *halluzinieren* festgesetzt. Computer träumen nicht. Sie haben auch keine Seele. Wenn Google sein KI-Programm trotzdem *DeepMind*, tiefe Seele, nennt, dann ist das ebenso eine Irreführung wie der Rest der Show, bei der seit Jahr und Tag das Eigentum anderer Leute als Eigenleistung vertickt wird. Wenn jemand halluziniert, dann die, die so etwas für Fortschritt halten.

Die meisten Plattformkonzerne sind Aktiengesellschaften, die performen müssen, damit ihr Kurs oben bleibt und die Aktionäre und das Management reich werden. Dagegen ist nichts zu sagen, was nicht schon gesagt wäre: zum Beispiel, dass die Logik der Quartalsberichte das Verhalten der »Peng, peng, peng!«-Truppe natürlich noch verschärft. »Nimm das Geld und lauf!« – »Take the money and run!«, das ist eine uralte Ganoven-Weisheit, die auch vor den Aktiengesellschaften nicht Halt gemacht hat. Wer das nicht kann, versagt. Oder, wie es Eric Schmidt im Stanford Talk von 2024 sagte, »wenn niemand ihr Produkt nutzt, spielt es keine Rolle, ob Sie den gesamten Inhalt gestohlen haben«.

Wie soll man das interpretieren? Wie das »Peng, peng, peng«? Erst wenn man richtig Geld verdient mit dem, was man geklaut hat, kann man sich mit den Beklauten einigen? Weil man immer noch einen guten Schnitt macht, siehe Anwälte, die den Rest regeln? In Russland gibt es einen Begriff für Oligarchen und Putins Vertraute, der noch aus der alten Sowjetunion stammt, in der sich die kommunistischen Funktionäre so schamlos bereicherten wie ihre Nachfolger: »Diebe im Gesetz«. Das sind die Leute, für die Regierungen und Anwälte Gesetze basteln, damit sie ihre Bereicherungen legal, rechtsstaatlich gedeckt, vornehmen können. Auch das kommt beim infantilen Zaunstreichen heraus, bei dem man freiwillig abgibt und alles bestätigt, was einem vorgesetzt wird, ohne es zu lesen.

Auf die Frage, ob Gemini, der KI-Bot von Google, sich beim maschinellen Lernen, der Kernfähigkeit der schwachen KI, aus dem Internet bedient, antwortet der Bot[137]: »Ja, es ist richtig, dass ein Großteil der Daten, die für das maschinelle Lernen von KI-Modellen verwendet werden, aus dem Internet stammt. Hier sind einige wichtige Punkte dazu:

- Vielfalt der Datenquellen:
  - Das Internet bietet eine riesige Menge an Texten, Bildern, Videos und anderen Daten, die für das Training von KI-Systemen genutzt werden können.
  - Dazu gehören Webseiten, Social-Media-Beiträge, Online-Enzyklopädien und viele andere Quellen.
- Bedeutung der Datenqualität:
  - Die Qualität der Trainingsdaten ist entscheidend für die Leistungsfähigkeit einer KI.
  - Deshalb ist es wichtig, dass die Daten sorgfältig ausgewählt und aufbereitet werden.
- Herausforderungen:
  - Die Verwendung von Daten aus dem Internet birgt auch Herausforderungen, wie z. B. das Risiko von Verzerrungen (Bias) in den Daten oder die Frage des Urheberrechts.
  - Die rechtliche Lage ist hier noch nicht abschließend geklärt.«

Falsch, Bot. Die »rechtliche Lage« ist sonnenklar. Nur versuchen deine Herrchen diese rechtliche Lage zu ignorieren und auszuhebeln. Hintenrum.

»Secrets Are for Filthy People« – und es ist offensichtlich, wer hier die schmutzigen Tricks ausspielt.

Plattformen zerlegen

Steve Wozniak, der geniale Apple-Konstrukteur und Humanist des Silicon Valley, hat natürlich recht, wenn man sich das Zitat am Anfang des Kapitels noch einmal vor Augen führt: Straft sie hart.

Wie macht man das am härtesten? Am besten, indem man die Monopolmacht der großen Plattformen zerlegt. Das muss angegangen werden. Und es wäre ein Akt der Demokratie und der Emanzipation.

Im Jahr 1890 beendet der republikanische Politiker John Sherman die Monopolpolitik der Eisenbahn, Öl- und Stahl-Trusts in den USA mit dem »Sherman Antitrust Act«, der als Meilenstein der Regulierung übermächtiger Konzerne gilt. Sherman und seine Partei hatten dieses Gesetz erlassen, weil sie die Marktwirtschaft und den sozialen Frieden vor ihren falschen Freunden schützen wollten, den Industrie-Monopolisten, die an Recht und Ordnung vorbei rücksichtslos Land und Leute ausbeuteten, und auch vor der Reaktion darauf, bei der radikale Sozialisten den Umsturz des »Systems« forderten.

Die digitale Technokratie im Stadium der Silicon-Valley-Oligarchen ist global längst dort, wo General Electric, Rockefeller und Co. waren. Sie sind eine Gefahr für die Demokratie und den sozialen Frieden, und jede vernünftige Regierung würde ihnen Einhalt gebieten.

Die Fähigkeit, Berechnung und Vernunft zu unterscheiden, zu wissen, wo das eine, die Berechnung, Grenzen hat und das andere, die Vernunft, ihr Recht fordert, ist das eigentliche »digitale Erwachsenwerden«. Es verlangt Selbstbestimmung und Selbstverantwortung, und das bedeutet immer auch, kritisch zu fragen, ob denn das, was behauptet wird, auch richtig ist. Etwa die Legende von der Digitalisierung, ohne die Wachstum und Produktivität nicht möglich seien.

8

Das Produktivitäts-paradoxon.

Digitalisierung bringt nichts, wenn sie in alten Strukturen eingebettet ist.

»Computer finden sich überall – außer in den Produktivitätsstatistiken.«

Robert Solow, Nobelpreisträger für Ökonomie, 1987[138]

Was ist eine Industrienation?

Unser Bild von Wirtschaft, Arbeit und Organisation stammt aus dem Industriezeitalter. Im 19. Jahrhundert entstand, was viele auch heute noch für normal halten: wenig Eigenverantwortung, starre Arbeitszeiten, eine auf Routine-Optimierung ausgerichtete Organisation. Für die Digitalisierung bedeutet das schlicht, dass das, was sie verspricht, nicht gehalten werden kann: mehr Produktivität und mehr Freiraum fürs eigene Denken. Also bessere Arbeit bei besseren wirtschaftlichen Ergebnissen.

Die Zeiten, in denen mehr als die Hälfte aller Beschäftigten direkt oder indirekt in oder für die Industrie gearbeitet hat, sind vorbei. Die Zahlen sind eigentlich deutlich: Statista weist für das Jahr 2024 im Dienstleistungsbereich 34,8 Millionen aller Beschäftigten aus, im produzierenden Gewerbe sind es 8 Millionen. Doch mit statistischen Tricks – das Baugewerbe und alles, was irgendwie mit Gütern zu tun hat, wird zugeschlagen –, deshalb prahlen Verbände mit fast dem vierfachen Wert.[139] Warum?

Der Grund ist einfach: Industrie ist die alte Chiffre für Wohlstand, der muss erhalten werden. Deshalb muss tüchtig gefördert werden, Steuern runter, Subventionen hoch. Donald Trump macht es in den USA genauso, er hat von den deutschen Verbänden gelernt. Die Landwirtschaft trägt weniger als ein Prozent zum Bruttoinlandsprodukt der USA bei[140], dennoch spielt sie in den politischen Propaganda-Feldzügen von »Make America great again« eine große Rolle. Das beschwört die alte Stärke, in der viele Menschen ihre Arbeit in der Landwirtschaft fanden.

Und die Industrie hat im Jahrzehnt von 2011 bis 2021 ihren Anteil am BIP von 19,4 auf 17,7 Prozent abgebaut. Im gleichen Maß wuchs der wissensbasierte Dienstleistungsbereich von 75,9 auf 76,7 Prozent. Obwohl mehr als drei Viertel der Amerikanerinnen und Amerikaner in wissensbasierten Dienstleistungen arbeiten, gelang es MAGA-Propagandisten, die Industrieproduktion in den USA mit dem Thema Wohlstand zu verzahnen. Das ist Augenwischerei. Das Geld kommt längst aus der Wissensökonomie. Bei der denken fast alle gleich an Digitales. Doch auch das ist nur das Ergebnis eines fast perfekten Storytellings. Denn das Digitale ist nicht der Motor des Wachstums oder Fortschritts, als der es sich gern verkauft – wir werden das gleich ausführlicher sehen.

Das liegt auch an einer grotesken Situation: In einer Arbeits- und Organisationskultur, die immer noch auf Industrie und deren Regeln gepolt ist, kann sich digitale Wissensarbeit gar nicht entfalten. Wir werden in diesem Kapitel einige Ursachen und Wirkungen ansehen. Kurz: Das Digitale nützt dem Digitalen, ist vielfach Selbstzweck, weil Management und Organisation nicht mit den Möglichkeiten mitgewachsen sind, die eigentlich vorhanden wären. So gilt in wirtschaftlicher und arbeitsorganisatorischer Hinsicht das »Digital-Erwachsensein« nicht nur für die Menschen, die Digitales nutzen, sondern auch für das Digitale selbst. Solange die Hand, die es führt, industrialistisch denkt und lenkt, ist das Werkzeug weitgehend wirkungslos. Sie bleibt Maschine in einer Maschinenwelt, die nach den Regeln dieser Welt, ihren Mess- und Kennziffern arbeitet, und sie erzeugt nicht Mehrwert für alle oder wenigstens viele, sondern nur für einige wenige, wie wir gleich sehen werden.

Arbeit und Produktivität

»Die Arbeitslosigkeit, wie wir sie kennen, ist ein Produkt des Industriezeitalters«, hält dazu der Arbeitssoziologe Manfred Füllsack[141] fest. Vor der Industrialisierung und der damit einhergehenden Arbeitsteiligkeit und Spezialisierung konnten Arbeitskräfte in der Landwirtschaft saisonabhängig unterschiedlichste Tätigkeiten ausüben. »In der Industrie mit ihrem rationalisierten und strikt reglementierten Arbeitskräfteeinsatz ist dies nicht möglich«, schreibt Füllsack, »mit weniger und mehr Arbeitsleistung je nach Bedarf kann sie schwer umgehen.« Deshalb erzeugt der unflexible und starre Industrialismus immer wieder massive Krisen, die fälschlicherweise als »Krisen des Kapitalismus«

gelten, was irreführend ist. Es ist vielmehr das industrielle System aus Hierarchie, Arbeitszeit, Arbeitsort und unselbstständiger Kommandowirtschaft, das Mehrwerte vernichtet.

Eine funktionierende soziale Marktwirtschaft muss sich auf die Veränderungen sowohl im Sozialgefüge als auch in den Märkten selbst einlassen. Sehen wir uns kurz die Fundamente dessen an, was wir *Wirtschaft* nennen. Jean Fourastie hat 1954 seine Drei-Sektoren-Theorie aufgestellt, die bis heute fast überall angewandt wird. Der erste Sektor ist der »klassische« Industriesektor, in dem Rohstoffe gewonnen werden, die im zweiten Sektor verarbeitet werden, zu Waren, Gütern, Produkten. Der dritte oder tertiäre Sektor beschäftigt sich mit Dienstleistungen, Verwaltung, Services – also jener Wissensarbeit, die auf vielfältige Art und Weise der »Vergeistigung der Arbeit« (Fourastie) dient.[142]

Wichtig ist, dass der erste und zweite Sektor jeweils durchaus Grenzen hat: Rohstoffe sind nicht beliebig vorhanden, Produkte und Waren werden nicht beliebig immer mehr nachgefragt. Die Industrie- und die ihr folgende Konsumgesellschaft ist also von begrenzter Nachfrage (Marktsättigung) gekennzeichnet, die seit den 1960er-Jahren (!) bemerkbar ist. Deshalb nimmt das Marketing immer weiter zu, wird immer mehr versprochen, um Absatz zu generieren.

Das gilt übrigens auch für die Wissensprodukte des tertiären Sektors, denn die sind ihrem Wesen nach zwar unendlich, weil menschliche Bedürfnisse nicht »ausgehen«. Gefährdet sind aber die Jobs, die im tertiären Sektor nur Routinetätigkeiten vollziehen, beispielsweise Rechnungsführung, Verwaltungstätigkeiten, aber auch scheinbar höherwertige Beratungsleistungen von Anwälten und Steuerberaterinnen, sofern die aus der bloßen Weitergabe von Informationen bestehen. Das ist etwa der Fall, wenn ein Klient »nur« eine Rechtsauskunft haben möchte, die noch nicht auf seinen individuellen Fall zugeschnitten ist. Wir sehen schon, dass Wissensarbeit grundsätzlich die Tendenz zur Personalisierung von Arbeit hat.

In der Zeit, in der die ersten Intel-Mikroprozessoren die PC-Ära vorwegnahmen, 1973, erschien auch das bekannteste Werk des amerikanischen Soziologen Daniel Bell: Seine Theorie der »postindustriellen Gesellschaft«[143] zeigt die Transformation von der Industrie- zur Wissensgesellschaft und belegt Fourasties Theorien eindrucksvoll. Automaten, auch jene, die mit Algorithmen operieren und »KI« genannt werden, erledigen Routinearbeiten, und zwar in der Hauptsache die, die bereits in der Zeit der Industrialisierung entstanden sind. Das führt zum »offenen« Geheimnis, dass Menschen, die sich nur auf Routinearbeit verstehen, arbeitslos werden – und damit sozial ausgegrenzt –, was soziale Sicherungssysteme nur teilweise auffangen können.

Die nächste Entlassungswelle trifft Angestellte, die verwaltende, routinierte Tätigkeiten ausüben, das sind immer noch sehr viele. Die US-Regierung investiert 500 Milliarden Dollar in KI-Automatisierung. Das wird den Arbeitsmarkt eskalieren lassen. Löhne werden sinken, die Verelendung wird größer als in der Wirtschaftskrise nach dem Schwarzen Freitag werden – und das dauerhaft. Das alles ist allerdings nur innerhalb eines Systems logisch und unausweichlich, bei dem Digitalisierung in dem oben erwähnten industriellen Rahmen bleibt. Denkt man weiter, könnte mit persönlichen, individualisierten Dienstleistungen eine gewaltige Branche entstehen. Lasst die Automaten die Automatenarbeit machen. Menschen hingegen profitieren von ihren Ergebnissen und widmen sich der persönlichen Arbeit, dem Handwerk, der Beratung, Fürsorge und Medizin zum Beispiel.

Fauler Zauber

Damit Menschen von diesen Umwälzungen profitieren können, braucht es aber vor allen Dingen eine Änderung der Arbeitskultur und weitaus mehr Wertschätzung für selbstbestimmte und selbstständige Arbeit, mehr Transformationsarbeit also.

Die Begriffe *Wissensgesellschaft* und *Dienstleistungsgesellschaft* sind nicht trennscharf – wohl aber lässt sich sagen, dass dabei das Moment der Unterschiedlichkeit, der Personalisierung der Arbeitsleistung, das entscheidende ist. Wer kann und tut, was andere nicht tun und können, ist im Vorteil, ganz gleich, ob es sich um Service- oder innovative Ingenieurleistungen handelt. Industriearbeit aber zielte immer auf eine gleichförmige Ausbildung ab. Bettet man in diese Realität neue Technologie ein, verpufft ihre Wirkung. Künstliche Intelligenz als Konjunkturprogramm, als Ersatz für Millionen verlorene Industriearbeitsplätze? Die Forschung sieht das anders: »Die Auswirkungen von LLMs auf den Arbeitsmarkt sind statistisch nicht von null zu unterscheiden.«[144]

Das Bureau of Labor Statistics verzeichnet ebenfalls keine spürbare Veränderung am Arbeitsmarkt durch den Einsatz von KI.[145] Natürlich kann man auch hier sagen: »Noch nicht.« Natürlich fallen Jobs durch digitale Automation weg, aber bei Weitem nicht so viele, wie oft leichtfertig behauptet wird. Ein wichtiger Faktor dabei ist aber schlicht Angst: Die ist Verhandlungsmasse, mit Gewerkschaften, Arbeitnehmern. Natürlich werden durch Automatisierung – ob maschinell oder digital – menschliche Arbeitskräfte freigesetzt, aber die Frage ist, in welcher Geschwindigkeit und damit auch Dramatik das für die Betroffenen geschieht und ob nicht auch die permanente Drohung des Digitalmarketings – »Geh mit der Zeit oder geh!« – ein probates Mittel zum Lohndumping sein könnte. Denn wer Angst hat, seinen Job zu verlieren, wird sehr viel mehr Kompromisse eingehen. Für Menschen, die Gehälter, Honorare und Löhne bezahlen, lohnt sich das auf jeden Fall.

Wohl aber trägt die digitale Automation zur Verunsicherung ganzer Generationen bei. Wer ständig das Märchen von der hochproduktiven KI erzählt, landet bei den Ergebnissen einer Studie des World Economic Forum[146]: Demnach sind bereits 49 Prozent der College-Absolventinnen und -Absolventen in den USA der Meinung, ihre Ausbildung sei nicht gut genug, um mit der KI mithalten zu können. Diese Fehleinschätzung ist gut, wenn man Selbstwertgefühl und damit auch Lohnkosten drücken will. Je weniger sich die Leute zutrauen, desto weniger werden sie für ihre Arbeit verlangen. Verschwörung? Nein. Das alles sind erklärte Ziele von Leuten rund um Donald Trump, z. B.

dem PayPal-Gründer Peter Thiel ebenso wie dem umstrittenen SoftBank-Chef Masayoshi Son, der das »monumentale Unterfangen« des Ersatzes menschlicher Arbeitskraft durch KI mit »kolossalen Datenbanken«[147] (Trump) managen soll.

Das Rennen gegen die Maschine

An der Stanford University, der Kaderschmiede des Silicon Valley, an der Eric Schmidt seine Wildwesttheorien verbreitet, lehrt auch der führende amerikanische Arbeitswissenschaftler, Informatiker und Mathematiker Erik Brynjolfsson, der übrigens auch als Moderator des Eric-Schmidt-»Peng, peng, peng«-Vortrags wirkte. Bekannt wurde Brynjolfsson durch eine Gemeinschaftsarbeit mit seinem Kollegen Andrew McAfee, *Race Against the Machine*[148], aus dem Jahr 2011, die weltweit für Aufsehen sorgte. Darin beschreiben die Autoren das künftige Szenario der Arbeit, das sie bereits in ihrem Untertitel verraten: »Wie die digitale Revolution Innovationen beschleunigt, die Produktivität steigert und Beschäftigung und Wirtschaft unumkehrbar verändert.«

»Revolution« und »unumkehrbar verändert« sagen uns schon, was wir denken sollen: Es gibt kein Entrinnen. Entweder du machst bei unserer Art der Digitalisierung mit, oder du gehst aus dem Weg. Man muss das nur richtig interpretieren. Was für die einen eine Schreckensnachricht ist, ein hohes zweistelliges Rationalisierungspotenzial und Massenarbeitslosigkeit, soziales Elend und Unglück, ist für die anderen eine Quelle von Reichtum und Macht. In Stanford sind eher die zu finden, die Letzteres für sich in Anspruch nehmen.

Das Problem mit dem Ersteren haben Brynjolfsson und McAffee aber offensichtlich im Blick: *Race Against the Machine* ist eine Anspielung auf *Rage Against the Machine*, womit die historische Maschinenstürmerei der Ludditen im England des frühen 19. Jahrhunderts gemeint ist.

Brynjolfssons und McAffees These ist, kurz gesagt, dass das Wachstum durch Maschinen – Digitalisierung – viel stärker ist als durch jede Form menschlicher Arbeit. Nun stellen sie auch nüchtern fest, dass Computer eben nicht kreativ sind – die Antithese zur KI-Propaganda unserer Tage – und deshalb eine Reihe von Arbeiten, die persönliches Wissen und Know-how erfordern, gar nicht erledigen könnten. Aber sie ersetzen die alte Industriewelt, rasant, und damit sorgen sie für massive Arbeitslosigkeit.

Die deutsche Abteilung der ING-DiBa-Bank, die Brynjolfssons und McAffees Arbeit auf deutsche Verhältnisse übertrug und 2015 veröffentlichte[149], hat folgende Daten dazu erhoben, wie viele Arbeitsplätze in den folgenden Jahren wegfallen könnten:

- Büro- und Sekretariatskräfte (1,9 Millionen Arbeitsplätze)
- Hilfskräfte für Post- und Zustelldienste sowie Lagerwirtschaft (1,5 Millionen Arbeitsplätze)
- Verkäufer (1,2 Millionen Arbeitsplätze)
- Hilfskräfte in der Reinigung (1,1 Millionen Arbeitsplätze)
- Gastronomieservicekräfte (661.570 Arbeitsplätze)

In Summe stünden in Deutschland (Stand 2015) in den Jahren bis 2035 insgesamt 18 Millionen Arbeitsplätze zur Disposition – das sind rund 40 Prozent aller circa 46 Millionen Beschäftigungsverhältnisse im Land. Zum Vergleich: Am Höhepunkt der Arbeitslosenkrise der Weimarer Republik 1932, kurz vor der Wahl Hitlers zum Reichskanzler, waren 5,6 Millionen Arbeitslose im Deutschen Reich registriert.[150]

Auch hier lassen sich die Prognosen in der Realität nicht nachvollziehen. Im Jahr 2024, und damit fast ein Jahrzehnt nach Beginn der als möglich benannten Jobverluste, war in Deutschland das Jahr eines Allzeithochs bei der Beschäftigung.[151]

Vielleicht sollte man aber gar nicht nur auf die Beschäftigungszahlen schauen, sondern auf die Ergebnisse – und damit auf die Frage, was mit diesen Ergebnissen geschieht. Brynjolfsson und McAffee sagen ja auch: Selbst wenn die Entwicklung des Abbaus von Vollbeschäftigung durch Automation langsamer erfolgt, würden umgekehrt genügend Ressourcen geschaffen, um auch weiterhin einen Sozialstaat und damit die Grundversorgung an medizinischer und materieller Unterstützung aufrechtzuerhalten. Es gibt – rein rechnerisch – keinen Grund, die sinkende Gesamtbeschäftigungszahl in der Wissensökonomie mit dem Weltuntergang gleichzusetzen. Das wäre, wie die Wirtschaftswissenschaftler sagen, nichts anderes als ein *Artefakt*, also ein Überbleibsel aus der alten, auf Industrie gepolten Wirtschaftswissenschaft.

Nun aber steht eben auch die Digitalisierung, wie sie die Plattformen des Silicon Valley und die neuen Technokraten betreiben, genau auf diesem industrialistischen Fundament – siehe die Welt, die in den Computer kommt. Dieses Problem haben Brynjolfsson und McAffee klar erkannt: Wenn die Ergebnisse der Automatisierung und Digitalisierung durch Plattformen und in der Produktion nicht politisch anders verteilt werden, steigt die Ungleichheit massiv an.

Die Wachstumslegende

Natürlich gibt es Wachstum und enormen Reichtum durch Digitalisierung, die Frage ist nur: Bei wem? Zur Beantwortung dieser Frage kann man sich einmal im Jahr das Wirtschaftsmagazin Forbes[152] kaufen, dort findet sich eine Liste der reichsten Menschen der Welt: Im Jahr 2025 liegt auf Platz 1 Elon Musk (435,8 Mrd. Dollar), Platz 2 nimmt Jeff Bezos (Amazon, 237 Mrd. Dollar) ein und auf Platz 3 findet sich Larry Ellison, der radikal rechte Chef des Softwareunternehmens Oracle (213,3 Mrd. Dollar), gefolgt von Mark Zuckerberg (Facebook, Meta, 207,4 Mrd. Dollar). Auf Platz 5, den als einziger Nichtamerikaner der Franzose Bernard Arnault (LVMH, 169 Mrd. Dollar) belegt, folgen Larry Page (Google, 158,8 Mrd. Dollar) und Sergey Brin (Google, 151,5 Mrd. Dollar), danach der mit Technoaktien (etwa Apple) reich gewordene Investor Warren Buffett (Berkshire Hathaway, 142,5 Mrd. Dollar) und knapp darauf auf Platz 9 der ehemalige Microsoft-Chef Steve Ballmer mit 125,3 Mrd. Dollar. Schlusslicht ist der Aufsteiger Jensen Huang, Chef der Chip-Schmiede Nvidia, die Intel längst den Rang abgelaufen hat – damit hat er seinen Reichtum von 119,6 Mrd. Dollar Privatvermögen begründet.

Von den 1,96 Billionen Dollar, über die die reichsten zehn Menschen der Welt verfügen, sind nur rund 170 Milliarden Dollar, nämlich die Bernard Arnaults, nicht mehrheitlich oder ausschließlich mit der Digitalisierung verdient worden. Noch nie zuvor in der Geschichte der Menschheit waren so viel Reichtum, politischer Einfluss und Macht in nur einer einzigen Branche konzentriert. Dieser Reichtum müsste sich, so könnte man nun annehmen, umgekehrt ja auch wieder bei jenen abbilden, die in den vergangenen sieben Jahrzehnten auf der Seite der Kunden, Anwender und Organisationen dabei geholfen haben, die »Welt in den Computer« zu bringen. Mit anderen Worten: Wachstum und Produktivität durch digitale Technologien aller Art müssten sich, um die enormen Umbaukosten und Umbauversprechen von der analogen zur digitalen Welt zu rechtfertigen, doch auch sprunghaft entwickelt haben.

Wachstum entsteht, im einfachsten Sinne, wenn am Ende mehr rauskommt, als ursprünglich da war. Rationalisierungen steigern die Produktivität bestenfalls indirekt. Wenn mehr Automaten und weniger Menschen arbeiten, dann kann das eine Einsparung bedeuten. Investitionen, die glücken, sind hingegen eindeutig das Wachstum, der Mehrwert, den wir suchen – also eine Verbesserung und nicht bloß eine Automatisierung, bei der man das Gleiche wie vorher mit weniger Menschen macht. Nur: Gerade Rationalisierungen sind das mehrheitliche Ziel industrieller Automatisierungsarbeit. Durch Investitionen hingegen wird versucht, aus weniger (etwa auch Arbeit, Lohn, Gewinn) mehr zu machen.

Als aktuellste Form der Automatisierung muss sich die Digitalisierung dabei besonders bewähren, denn sie ist teuer, aufwendig und fordert seit Jahrzehnten einen großen Teil betrieblicher und finanzieller Ressourcen, die ja nicht dem Rückbau (Rationalisierung), sondern dem Ausbau und Fortschritt (Investitionen) zukommen sollen.

Lebensbedrohung als Konjunkturmotor

Wie wird man also reich mit Digitalisierung? Durch Drohungen. Sie sind ein bewährtes Mittel des Erfolgs. In der Welt der Wirtschaft und des Fortschritts besteht die Drohung darin, abgehängt zu werden, zu alt und damit unnütz zu sein. Wer nicht mitzieht, stirbt. Weil viele Menschen den Gehalt der Drohung nicht einschätzen können, geben sie nach. Das gilt auch für Managerinnen und Unternehmer. Sie digitalisieren – ohne zu wissen, was da geschieht. Das ist gut für die Top Ten der Forbes-Liste.

Staaten, Banken, Versicherungen, Militärs und Universitäten, große Konzerne und Organisationen wurden seit den 1950er-Jahren unentwegt und unter Einsatz der bewährten Drohung, sonst »die Zukunft zu verpassen«, zu massiven Investitionen im Bereich der Digitalisierung aufgerufen, seit den 1960er-Jahren und der Kompatibilitätsrevolution des IBM 360 auch zunehmend Mittelständler, ab Ende der 1970er-Jahre mit der »PC-Revolution« schließlich alle Unternehmensgrößen und sogar Privatleute.

Wir haben am Beispiel von Vannevar Bushs »As We May Think«-Appell festgestellt, dass die erste Welle der digitalen Kaufmotivation dem Aufrechterhalten der Sonderkonjunktur des Zweiten Weltkriegs diente. Die zweite Welle, ausgelöst einige Jahre später durch UNIVAC, war durch die Krise der jungen Computerindustrie geprägt. Computer waren sehr teuer und wurden praktisch nie zu den versprochenen Preisen geliefert, fielen oft aus und ihr Nutzen war, verglichen mit bekannten Automatisierungstechniken, überschaubar. Das war ein wesentlicher Grund für den höheren Einsatz von Marketing, der nun »das Elektronengehirn« und die dazugehörigen Fantasien pushte, wo immer es ging – einschließlich der Erfindung der künstlichen Intelligenz durch die Dartmouth-Truppe 1956. Dennoch gab es zum Ende des Jahrzehnts weltweit höchstens 8.000 Computersysteme, die ihren Dienst verrichteten.

Die 1960er-Jahre waren erfüllt davon, Betriebswirten und Unternehmern unentwegt von der neuen »Business Intelligence« durch »datengesteuertes Arbeiten« zu erzählen, wobei das Problem dabei war, dass diese Geschichten »süchtig« machten. »Grosse Unternehmen, die sie hatten, wollten mehr davon, und kleinere Unternehmen wollten unbedingt mitspielen und in den Genuss der Vorteile kommen«, schreibt Kenneth Ritley, Professor für Informatik am Institut für Datenanwendungen und Sicherheit der Berner Fachhochschule. Doch die Kleinen und Mittleren konnten sich die Investitionen nicht so schnell leisten. »Glücklicherweise«, so schreibt Ritley mit feiner Ironie, »löste die Einführung der Mikrochips in den 1970er Jahren das Moorsche Gesetz aus, die Technologie war sehr entgegenkommend und bot genau die richtigen Möglichkeiten, als die Unternehmen begannen, das Bedürfnis zu verspüren.«[153] Das ist eine schöne Umschreibung dafür, wie der permanente Druck, doch bitte endlich zu digitalisieren, schon damals wirkte.

Für die dann entstehende PC-Industrie und für die Softwarehersteller bot sich eine zwei Jahrzehnte währende Sonderkonjunktur, in der die Menschheit mit Rechnern und Zubehör versorgt werden konnte, bis sich Anfang der 1990er-Jahre erste massive Sättigungseffekte einstellten. Die Investitionen in Computertechnologie lagen vor der PC-Revolution bei etwa 10 Milliarden Dollar pro Jahr, im Jahr 1990 waren sie auf mehr als 200 Milliarden Dollar angestiegen.

Es brauchte etwas Neues, und das Internet, das von Universitäten in den USA eher lieblos und nebenbei gepflegt wurde, war mit dem Wahlversprechen des *Information Superhighway* ein idealer Träger. »Bist du schon drin?«, fragte die Werbung ab sofort, denn wer Ende der 1990er-Jahre noch keinen Internetzugang hatte, dem war nicht zu helfen. Dieser Push führte bekanntlich zu völlig überzogenen Erwartungen bei der Entwicklung des World Wide Webs als Plattform wirtschaftlicher Aktivitäten. Die »Internet-Blase« platzte 2001 mit großem Knall, und die sogenannte New Economy, die mit den Übertreibungen der Old Economy arbeitete, ging mit ihr unter.[154] Nur die Mobilmachung der Digitalisierung rettete die Industrie – also indem klobige PCs erst durch Laptops, dann durch leichte Notebooks und schließlich ab 2007 durch Smartphones ersetzt wurden (die iPhone-Premiere fand am 9. Januar 2007 statt). Heute sind Smartphones die mit Abstand meistverkaufte Computervariante.

Krisen, wie die Finanzkrise von 2008, werden als Marketingargument genutzt: Das alles habe ja auch nur geschehen können, weil man mit altem Equipment dahingewurstelt habe. Kauft was, Leute, dann geht es wieder. Und genau das machten viele.

Der Verkauf von Computern stieg im Jahr 2009 um 14 Prozent auf 291 Millionen Einheiten und erreichte im Jahr 2011 den Allzeit-Rekord von 365 Millionen Stück verkaufter Rechner. Dann, ab 2012 und aufgrund der hohen Sättigungsraten weltweit, ging der Verkauf bis zur Corona-Pandemie 2020 auf weniger als 250 Millionen Stück pro Jahr zurück und erreichte, als Folge des globalen Lockdowns und der Notwendigkeit von Homeoffice, im Jahr 2021 wieder 350 Millionen Einheiten, die sich im Jahr 2024 auf 245 Millionen Stück reduzierten.[155] Diese Achterbahnfahrten – bei denen in vergleichsweise kurzer Zeit Kapazitäten mal um 30, 40 Prozent steigen, um kurz darauf ebenso schnell zu fallen – lösten bereits im Jahr 2022 eine regelrechte Kampagne zur KI aus, die durch die Veröffentlichung von ChatGPT am 30. November 2022 zu dem KI-Hype führte, den wir bis heute erleben. Und plötzlich tauchen »KI-Notebooks« auf, so wie am Ende der 1990er-Jahre »Internet-PCs«, Etikettenschwindel also für die nächste Runde des Rattenrennens. Technisch unterscheiden sie sich jeweils nicht oder kaum von ihren Vorgängern. Der wesentlichste Unterschied ist Marketing. Und dabei sahnen nicht nur die Top Ten aus der Forbes-Liste ab.

Der KI-Unternehmer und Berkeley-Dozent Stephen Klein veröffentlichte im Mai 2025[156] einen Beitrag, der auf die Frage eingeht, wer eigentlich mit KI Geld verdient. Die Unternehmen der sogenannten generativen KI, die also Bots und Technologie unter der Bezeichnung *künstliche Intelligenz* entwickeln, sind es nicht. Sie machen in der Regel erhebliche Verluste mit diesem Bereich. OpenAI, das bekannteste KI-Unternehmen der Welt, rechnet bis ins Jahr 2029 damit, nicht profitabel arbeiten zu können[157] – bis 2026 sind 14 Milliarden Dollar Verlust im Plan. Dabei werten es Insider schon als Erfolg, dass das technologische Flaggschiff des KI-Hypes im ersten Halbjahr 2024 nur 360 Milliarden Dollar ausgegeben haben soll. Viel Geld verdienen andere, vor allen Dingen die »Big Five« der Beratungsbranche, also Accenture, Boston Consulting Group, McKinsey, Pricewaterhouse-Coopers (PwC) und Deloitte. Stephen Klein schreibt, diese »Unternehmensberatungen monetarisieren Angst in großem Maßstab«[158]. Klein spielt damit auf den Umstand an, dass die allermeisten Unternehmensverantwortlichen von der Digitalisierung im Allgemeinen und der generativen KI im Speziellen keinen blassen Schimmer hätten, aber dafür jede Menge Angst, zu spät zu kommen. Es wiederholt sich das, was man die *New Economy Bubble* nannte, ein grenzenloses Vertrauen in die Kräfte des neuen Webs, das 2021 zu einer fulminanten Börsenkrise führte. Was verkaufen denn die großen Beratungsunternehmen eigentlich? Klein zählt auf: »Strategische Rahmenbedingungen, Blaupausen für die Integration, Changemanagement Programme und Vertrauen in das Chaos« – kurzum alles altvertraute Dienstleistungen, die vor allen Dingen juristische und soziale Unsicherheiten mit neuen technologischen Themen entkräften sollen.

»Die Erfolgsgeschichten, die wir über die Generative AI (GenAI) kennen, stammen von denselben Beratungsunternehmen, die die Dienstleistungen verkaufen«, kritisiert Klein. Umfragen würden dabei von GenAI-Anbietern finanziert, und vage Aussagen wie »85 Prozent aller Führungskräfte sagen, dass GenAI die Wettbewerbsfähigkeit verbessern wird«[159] lese man dort. Nirgends gibt es einen validen Beweis dafür, dass die Produktivität durch GenAI steigt. Das hingegen gilt nicht für die Beratungsunternehmen der Big Five. Accenture etwa »steigerte seinen GenAI-Umsatz von 100 Millionen Dollar im Jahr 2021 auf über 2 Milliarden im Jahr 2024«, schreibt Klein, »allein im ersten Quartal 2025 wurden 1,2 Mrd. Dollar mehr an Beratungsleistungen verbucht.«

Auch Klein macht klar, dass es entgegen den Behauptungen der Industrie »kein Blutbad geben wird«, dass durch generative KI also keine Jobs verloren gehen werden. Dass die Industrie dennoch anderes behauptet, sei »eine falsche Darstellung, die den GenAI-Unternehmen dabei helfen soll, Kapital zu wirklich erstaunlichen und unrealistischen Bewertungen aufzutreiben«. Es gibt also neben dem wichtigen Faktor der Drohung an die Mitarbeitenden, sich bei Löhnen und Gehältern etwas zurückzuhalten und überhaupt froh zu sein, dass sie noch nicht durch eine KI ersetzt worden sind, auch noch diesen triftigen Grund: Die Bewertungen sollen so hoch wie möglich sein.

»Das Spiel«, schreibt Klein, »wird so gespielt:

- Einige hochfinanzierte GenAI-Unternehmen veröffentlichen ›Studien‹, in denen behauptet wird, die KI verändere die Produktivität.
- Unternehmensberater greifen diese Studien auf, um KI-Readiness-Projekte zu verkaufen.
- Unter Druck genehmigen Vorstände Mandate zur ›KI-Transformation‹, ohne dass ein klarer Business Case vorliegt.
- Es kommt zu Entlassungen, aber nicht, weil die KI den Menschen ersetzt hat.
- Die Illusion der Effizienz hält die Bewertungen von Start-ups gerade lange genug aufrecht, damit Insider in einer zweiten Runde aussteigen können.
- Und der Zyklus wiederholt sich.«[160]

Kleins Einschätzung ist sehr realistisch und erinnert an das, was man »Schneeballsystem« nennt. Es profitieren die, die die Legenden und

Mythen erzeugen und verbreiten, und es verlieren die, die sie glauben. Wie die KI als solche ist also auch der ökonomische Umgang mit ihr eine Frage der Fähigkeit zum kritischen Zweifeln: Kann die schöne neue Welt eigentlich so wahr sein? Und was heißt denn das für die Digitalisierung der letzten Jahrzehnte – und grundlegend – eigentlich? Wer verdient, wem nützt sie?

Im Jahr 1987 machte der Nobelpreisträger für Wirtschaftswissenschaften, der US-Amerikaner Robert Solow, mit seinem Begriff *Produktivitätsparadoxon* von sich reden. Computer, so Solow, seien »allgegenwärtig, nur nicht in den Produktivitätsstatistiken«.[161]

Der Wirtschaftsinformatiker Peter Brödner hat in einem erhellenden Aufsatz aus dem Jahr 2020[162] Trends, Fakten und Grundlagen des Produktivitätsparadoxons zusammengefasst. Er schreibt: »Seit inzwischen über vier Dekaden [werden] immer wieder große Summen in den Einsatz von Computersystemen und deren Vernetzung investiert in der Hoffnung auf ebenso große Steigerungen der Arbeitsproduktivität, meist freilich ohne die erwarteten Wirkungen tatsächlich zu überprüfen.«[163]

Der Glaube würde dann zwar Berge versetzen, aber die entpuppen sich beim Näherkommen als Fata Morgana. Ganz fremd ist uns das nicht. Wir kaufen uns ein elektronisches Gadget, weil wir uns schnelle Verbesserungen dadurch erwarten. Das klappt aber meist nicht, weil es keine Wunder gibt. Wo sich die Strukturen und Abläufe nicht ändern, hilft neue Hard- und Software gar nichts. Kaufen geht aber schneller als ehrliches Analysieren und Verändern. Mehr Digitalisierung hilft deshalb nicht, weil es bloß mehr Geräte, Programme, Apps und Marketingtheater bedeutet.

Digitalisierung ist Pflicht, weil es Wachstum schafft, das hört man doch überall? »Dem stehen«, so Brödner, »freilich empirische Befunde in großer Zahl und erdrückender Aussagekraft entgegen«, die belegen, dass »kaum zusätzliche produktivitätssteigernde Effekte nachzuweisen« sind. In den 1970er-Jahren, als der Mikrochip den Massencomputer ermöglicht, stagniert die Produktivität im Dienstleistungsbereich, also dort, wo man sofort eine Verbesserung hätte bemerken müssen, denn spürbare Effekte der Rationalisierung und Optimierung in diesem Bereich sind die Merkmale der zeichenbasierten Wissensarbeit schlechthin. Es war so, als wenn man einem Auto einen besonders hochwertigen Kraftstoff verpasste, mit dem Ergebnis, dass die Karre langsamer fuhr als je zuvor. Die üblichen Erklärungsmuster waren, dass es eben ein wenig Zeit brauche, bis die Digitalisierung ihre Wirkung entfalten könne. Doch als auch Ende der 1980er-Jahre nichts davon zu bemerken war, begannen sich führende Wirtschaftswissenschaftler Sorgen zu machen.

Solows Bemerkung von 1987 folgte eine Untersuchung nach der anderen, übrigens auch von Stanford-Professor Brynjolfsson, den wir bereits kennengelernt haben, und überall kam das Gleiche heraus: Mehr als ein Prozent Produktivitätssteigerung war in keinem Feld, in dem massive Investitionen in Digitalisierung stattfanden, drin – und auch dieser Zuwachs war höchst umstritten und im Rahmen üblicher Toleranzen eher ein symbolischer Wert. Dann, Mitte der 1990er-Jahre, schien sich das Blatt endlich zu wenden: 2,3 Prozent Zunahme bei der Arbeitsproduktivität in den USA läuteten vermeintlich die Trendwende ein. Doch schon kurz darauf lag die Rate wieder bei einem matten Prozent und seit 2014 sogar deutlich darunter. Und auch das, so stellte das McKinsey Global Institute fest, beruhte im Wesentlichen auf tiefgreifenden arbeitsorganisatorischen Maßnahmen im Groß- und Einzelhandel, die, so Brödner, »nur sehr bedingt überhaupt mit Computertechnik zu tun haben«. Das bestätigen auch Studien des Nobelpreisträgers für Ökonomie 2024, Daron Acemoğlu[164], und etwa von McKinsey Global.[165]

Was heißt das? Wer die Digitalisierung zur Rationalisierung nutzt, und das tun die meisten, schmeißt sein Geld zum Fenster raus. Das gilt auch, wenn man hochwertige geistige Arbeit durch KI ersetzen will. Das Problem ist fast immer Unkenntnis der Materie und der Unwille, die eigenen Abläufe und die Organisation gründlich mitzutransformieren.

Der Salzburger KI-Berater Stefan Erschwender hat in einem Posting im sozialen Netzwerk X zu Beginn des Jahres 2025[166] auf die Feststellung, die KI sei nichts weiter als eine Stufe der Automatisierung bestehender Routinearbeitsprozesse, keineswegs eine Revolution, geschrieben: »Genau das beobachten wir auch in der Praxis. Während alle über die neuesten LLM-Modelle und KI-Trends diskutieren, erzielen Unternehmen die größten Erfolge durch pragmatische Automatisierungslösungen.« Erschwender warnt vor Leichtsinn, weil die »meisten KI-Initiativen im Konzeptstadium steckenbleiben« würden. Echte »Automatisierungsexperten fokussieren sich auf Ergebnisse statt auf Technologie um der Technologie willen. Deswegen müssen wir die theoretischen KI-Möglichkeiten hin zu praktischen Automatisierungslösungen lenken«, so der KI-Experte.

Dabei ist Vorsicht geboten. Wer nur den Effizienzwahn der Industriewelt im Kopf hat, verliert ebenfalls. Statt dass die KI die Köpfe und Hände frei macht für konstruktives Denken, Wissensarbeit und Innovationsfähigkeit, schafft sie erst die Bedingungen für deren Gegenteil: lähmende Bürokratie.

Messen bis zum Untergang

Der Schweizer Ökonom Mathias Binswanger verweist darauf, dass der »ständige Versuch, mithilfe von digitalen Anwendungen und KI Dinge zu optimieren und dadurch die Effizienz zu steigern, sich schnell als Illusion erweist«[167]. Das liegt daran, dass die damit einhergehende Regulierung einen derartigen Kontrollwust erzeugt, eine »Controlling-Bürokratie, die die traditionelle Beamtenbürokratie abgelöst hat«. Auch dafür gibt es schlechte Gründe, wie Binswanger ausführt. In den 1980er-Jahren verbreitete sich, im Rausch der ersten Digitalisierung, die Idee des *New Public Managements*, bei dem »durch intensive Performance-Messungen [...] Menschen und Prozesse immer effizienter und auch qualitativ besser werden« sollten, so Binswanger.

Tatsächlich wurden aber nur staatliche und öffentliche Einrichtungen dem »Daueroptimierungszwang« der privaten Wirtschaft unterworfen. Aus trägen Bürokratien wurden so flott klingende Verwaltungen gemacht, jedenfalls auf dem Papier: Messen, Zählen, Zahlengläubigkeit also, unsere alten Bekannten aus diesem Buch. Binswanger macht das deutlich: Die »damit einhergehende Flut an Datenerhebungen und Indikatoren erhöhte aber die Komplexität der Verwaltung, sie sorgte für Fehlanreize und neue Ineffizienz. Immer mehr Arbeitsstunden von immer mehr Menschen in Bereichen wie dem Bildungs-, dem Gesundheitswesen oder der Wissenschaft werden mit Tätigkeiten verbracht, die nichts mehr mit Bildung, Gesundheit oder Wissenschaft zu tun haben, sondern mit Organisation, Überwachung, Verwaltung, Regulierung, Qualitätsmanagement oder Compliance – also mit Bürokratie.«[168]

All das, so der Ökonom weiter, habe mit der »naiven Digitalisierungseuphorie« zu tun, »die davon ausgeht, dass Qualität und Effizienz mit dem Grad der Digitalisierung steigen«. Ein Irrtum, wie Binswanger bemerkt. Das Produktivitätsparadoxon ist ein Naturgesetz der falschen Digitalisierung, die nur auf Datenmengen, Quantitäten schaut und sonst nichts und die meint, mit den gleichen Methoden, mit denen man Blechkonserven und Autoreifen in der Fabrik herstellt, ließen sich auch nützliches menschliches Wissen und Innovationen erzeugen. Von natürlicher Intelligenz ist da nichts zu bemerken.

Denn nicht ein »Mangel an Daten, sondern die Bewältigung der Daten, die sich mit hoher Geschwindigkeit bewegen«[169], so Binswanger, sind das Problem. Schneller, höher, weiter – aber mit welchem Zweck?

Scheißprozesse, die man digitalisiert …

… sind dann eben digitale Scheißprozesse. Dieser populäre Satz ist allgegenwärtig, und er steckt auch hinter dem Produktivitätsparadoxon. Ebendieses bestens erforschte und unzählige Male bestätigte Produktivitätsparadoxon zeigt, dass Digitalisierung samt KI nicht nur nichts nützt, wenn sie unter falschen Bedingungen erfolgt, sondern sogar schadet, weil sie durch ihr Tempo und ihre hohe Komplexität (die schnell zur Kompliziertheit, also zur Ohnmacht, wird) die alten Vorteile industrieller Organisation, die nicht mehr für positives Wachstum sorgen können, auch noch zunichtemacht – also die Krise sogar noch beschleunigt. Der Wirtschaftsinformatiker Peter Brödner stellt deshalb die »entscheidende Frage, die letztlich über Wohl und Wehe des Einsatzes von Computersystemen bestimmt«[170]. Es geht darum, ob Management und Organisation überhaupt in der Lage sind, die Digitaltechnik so zu nutzen, dass sie wirklich nachweislich auf eine höhere Produktivität einzahlt. Das ist ein organisatorisches Problem, ein soziales und ein kulturelles.

Computerkonzerne sind unglaubwürdig. Nach der Pandemie gehörten sie zu den Ersten, die ihre Mitarbeitenden zurück ins Büro befahlen. Weil sie ihren eigenen Versprechungen vom mobilen, vernetzten Arbeiten nicht trauen, also ihren eigenen Produkten, ihren eigenen Marketingversprechen? Weil sie nur wie Schäferhunde über die Herde wachen können, weil es ihnen an Zutrauen in die Menschen fehlt, die sie eingestellt haben? Auch dafür können Computer nichts. Es sind schlechte Führungskräfte, die mit alten Methoden der neuen Technologie ihre Chancen nehmen und – nochmals – glauben, mit allem durchzukommen, auch deshalb, weil wir sie lassen.

Es braucht Courage, Selbstständigkeit, Selbstbestimmung in der neuen Wissensarbeit. Brödner ist mit seiner Empfehlung dazu keine Ausnahme. Auch Acemoğlu und Brynjolfsson – neben unzähligen Denkerinnen und Denkern der Wissensökonomie – sehen in der neuen Gestaltung von Arbeits- und Lebensbedingungen den Schlüssel für mehr Produktivität und Wachstum. Und die – keinesfalls des Anti-Industrialismus verdächtige – Unternehmensberatung Accenture hat schon 2015 festgestellt, dass vier von fünf digitalen Projekten in der Organisation an der Organisation scheitern. Die alte und die neue Welt passen nicht zusammen, und dafür kann der Computer, können die Netzwerke nichts. Digitale Führung verlangt grundlegend andere Tugenden und Fähigkeiten – und wohl auch andere Charaktere – als Führung vor Ort, wie das früher üblich war.

In einer groß angelegten Studie der Boston Consulting Group[171] zeigt sich das eindrücklich. Mitarbeitende, die mithilfe von ChatGPT klassische Routinearbeit lösen sollten, waren um fast 40 Prozent effizienter – also schneller – als ihre Kollegen und Kolleginnen. Allerdings verändert sich nach der BCG-Studie die Sache dramatisch, wenn es um echte Problemlösung geht, also nicht nur um Wiederholung von bereits Gemachtem und Gedachtem: Dann sinkt die »Performance« der Mitarbeitenden um mehr als 20 Prozent, wenn sie KI verwenden. Wenn es um Einfallsreichtum geht, nicht um 08/15-Lösungen, ist KI eben keine Lösung mehr.

Ähnliches berichten auch Medizinerinnen und Mediziner von KI-gestützten bildgebenden Systemen in der Diagnostik.[172] Die KI-Agenten seien sehr nützlich, wenn es um einen schnellen Abgleich gehe, etwa bei der Erkennung von Hirntumoren und komplizierten Brüchen. Nur: Die Ärzte und Ärztinnen, die damit arbeiten, lassen sich von den eben nicht perfekten Ergebnissen der KI beeinflussen. Es gibt einen Technik-Bias, der dafür sorgt, dass sie den Systemen blind vertrauen – was zu dramatischen Fehldiagnosen und schwerwiegenden Folgen führt. Unter dem hohen Arbeitsdruck in Kliniken und Praxen wird so aus dem Rationalisierungsinstrument eine weitere Fehlerquelle.

Oder anders gesagt: Wo Menschen nicht unter vernünftigen Bedingungen arbeiten können, wird aus dem Helferlein KI eine Bedrohung.

Etikettenschwindler

Die Digitalisierung kann nur Leistungsfähigkeit entfalten, wenn auch die Rahmenbedingungen für die Menschen stimmen, so fasst Peter Brödner sinngemäß den klaren Stand der Forschung zusammen. Selbstbestimmtes, dezentrales Arbeiten ist eindeutig ein positiver Faktor, damit ließe sich, so Brödner, eine »höhere Produktivität in der Nutzung von Computersystemen [erreichen] als [bei solchen Unternehmen,] die nur Computer einsetzen«[173]. Das aber verlangt Mühe und Eigenverantwortung von allen. Die wollen viele vermeiden, weshalb, so der Wirtschaftsinformatiker, dem »Fetisch des Computers als ›intelligenter Maschine‹« gehuldigt werde. Brödner nennt derlei beim Namen: »Etikettenschwindel«.[174]

Das Media Lab des Massachusetts Institute of Technology ist das führende weltweite Forschungsinstitut der Digitalisierung, der Vatikan der Computerei. Im Jahr 2025 veröffentlichte das MIT eine Studie[175], bei der drei Vergleichsgruppen erfasst wurden: Eine erstellte mit ChatGPT ihre Texte, eine recherchierte mit konventioneller Google-Suche, eine arbeitete ohne jegliche digitalen Werkzeuge. Die letzte Gruppe las ganze Bücher, nicht nur den Klappentext oder den zusammengeschnittenen Abstract, und studierte Primärquellen aller Art.

Das Ergebnis war so eindeutig wie kaum jemals in diesem Bereich der neuronalen Forschung zuvor: Die ChatGPT-Nutzenden konnten sich praktisch nicht daran erinnern, was sie als Hausarbeit fabriziert hatten. Sie waren zu 80 Prozent nicht einmal in der Lage, das Thema grob zu umreißen. Sie blieben dumm.

Die Google-Search-Nutzenden waren spürbar näher an dem, was sie als ihre eigene geistige Arbeit ausgaben. Aber es gab Lücken. Ihre Antworten waren bruchstückhaft, manchmal verlor sich der Kontext.

Am klarsten waren die, die mit althergebrachten Mitteln – Lesen und Verstehen – gearbeitet hatten. Zwar war der Aufwand in diesem Fall höher, aber auch das Ergebnis bei Weitem nachhaltiger und besser.

Auch die während der Lösung aufgezeichneten Gehirnaktivitätsmessungen zeigen deutlich, dass das Zentralorgan unserer natürlichen Intelligenz beim Einsatz des Chatbots praktisch völlig lahmgelegt ist. Die Media-Lab-Wissenschaftlerinnen und -Wissenschaftler bringen dafür den Begriff der »kognitiven Schulden« ins Spiel, ein kluger Begriff. Wer glaubt, sich geistige Arbeit, Wissensarbeit, zu ersparen, betrügt sich selbst. Er konsumiert auf Pump, nimmt sich einen intellektuellen Kredit auf, den er nie zurückzahlen kann, weil ihm durch das fehlende Training seines Gehirns dazu schlicht die Möglichkeiten fehlen. Merke: »Es denkt nicht für dich«, wie das Wirtschaftsmagazin brand eins[176] schon vor knapp einem Jahrzehnt titelte.

Wer behauptet, KI mache Menschen schlauer, lügt – und wünscht sich dumme Verbraucherinnen und Verbraucher sowie unmündige Menschen. Lassen wir nochmals Stephen Klein die Lage zusammenfassen, wie er es im Mai 2025 auf seiner LinkedIn-Seite getan hat:

»AI-First isn't forward-thinking.

It's trendy, lazy thinking.

(Please note: I realize Generative AI is amazing and has enormous potential. But that doesn't mean we should put our brains on hold and all take our dumb pills)«[177]

Die gute Nachricht ist also: Wir können auch anders. Das sehen wir uns nun, wo sich dieses Buch dem Ende zuneigt, nochmals gründlich an.

9

Digital Erwachsen.

Vorbereitung für die digitale Reifeprüfung

»... die Tore des technokratischen Gefängnisses werden sich trotz ihrer verrosteten Angeln automatisch öffnen, sobald wir uns entschließen, hinauszugehen.«

Lewis Mumford, Mythos der Maschine[178]

Der neue Humanismus

Es ist höchste Zeit für Konsequenzen. Schnelle Hypes und Slogans helfen dabei nicht, ebenso wenig wie Formeln und vermeintliche Gebrauchsanleitungen fürs digitale Erwachsenwerden. Automaten, die KI, werden uns nicht retten. Es braucht uns. Unsere natürliche Intelligenz, den menschlichen Geist, der endlich sagt: Was mach ich draus? Der Anfang aller Veränderung besteht in Einsicht. Das ist unser Job, jeden Tag neu, unter unzähligen unterschiedlichen Bedingungen. Wer es sich leichter macht, der wird es schwer haben.

Es ist wie beim Abnehmen: Nur eine dauerhafte Ernährungsumstellung führt zum Erfolg. Dabei muss niemand eine Digital-Diät machen. Kein Verzicht ist nötig, im Gegenteil, sondern Interesse, Teilhabe und Teilnahme an der Digitalisierung. Selbstständiges Entscheiden. Handeln. Machen. Nicht sich treiben lassen, sondern gestalten. Ein bekannter deutscher Automobilhersteller hat den Slogan »Aus Freude am Fahren« ausgegeben. Wie wäre es denn mit: »Aus Freude am Denken«?

Natürliche Intelligenz braucht natürlich aufgeweckte Menschen, die denken und nicht denken lassen. Oder, um es mit dem amerikanischen KI-Experten Stephen Klein zu sagen: »You can't get smarter by thinking less.«

Die künstliche Intelligenz ist mehr als ein Werkzeug. Sie kann sich selbst verschleiern, das macht sie gefährlich. Wir haben in dieser Streitschrift gesehen, wie Rechnen und Messen, die den Menschen weiterbringen sollen, zum Selbstzweck wurden. Wir haben falsche Versprechungen kennengelernt, falsche Berechnungen miteinander durchgesehen. Wir haben erkannt, dass die Digitalisierung vor allen Dingen die reich macht, die sie nach Kräften und mit viel Marketing betreiben, und dass die Idee, Bürokratisierung mit Digitalisierung zu bekämpfen, mehr von dem schafft, was sie zu beseitigen vorgibt.

Das Klassenziel steht nun vor uns: die digitale Reifeprüfung. Sie besteht darin, dass wir die »Tools« der natürlichen Intelligenz neu entdecken. Und an die erste Stelle setzen.

Erfahrung, Weisheit und Wissen, das klingt heute überholt. Das aber zeigt nur, welcher Schaden bereits ganz ohne KI in den vergangenen Jahrzehnten angerichtet wurde. Eine Gesellschaft, der von allen Seiten erzählt wird, alles ginge mühelos, vergisst, wo sie herkommt, bevor sie untergeht. Im alten Rom war das die sprichwörtliche Dekadenz der Eliten, die sich verbreitete, bevor die »Barbaren« das Ruder übernahmen. Hier bei uns ist es die geistige Faulheit, die enormen Chancen unserer Zeit durch eigene Anstrengungen, auch Sehnsüchte nach Besserem, umzusetzen. Erfahrung, Weisheit und Wissen sind Fähigkeiten von Erwachsenen, die in der unabdingbaren Grundlage aller Freiheit münden: der Fähigkeit, sich auf solider Grundlage für oder gegen etwas entscheiden zu können. So definieren wir, alle anderen auch, Erwachsensein: geistige Reife, die zu eigenen Entscheidungen und zum Handeln führt. Darum heißt es ja auch *Reifeprüfung*. Das setzt, drittens, Selbstvertrauen voraus, und zwar begründet darin, dass man weiß, was man tut – und für wen und womit.

Digitales Erwachsensein braucht das Menschenbild eines *neuen Humanismus*. Diesen Begriff hat Peter Drucker in den frühen 1990er-Jahren eingeführt, und er hatte bereits die ins Laufen gekommene Digitalisierung im Blick. Der *neue* Humanismus, schrieb Drucker, ermögliche es dem »gebildeten Menschen, mit seinem Wissen die Gegenwart zu prägen und die Zukunft zu gestalten«[179].

Mit Wissen *die Gegenwart prägen* kann man nicht als reiner Verbraucher, als Konsumentin. Man muss schon *gestalten* wollen und können, also machen, auch wenn es anstrengend ist. Es gilt der alte Satz: »Man muss die Regeln kennen, um sie zu brechen.« Wer nicht weiß, wann er auf dem Holzweg ist, bleibt dort auch.

Wo dieser Holzweg verläuft, steht eigentlich fest: einfach überall mit Klick zustimmen, was Plattformanbieter uns andrehen wollen – und dabei Rechte und die Seele verkaufen. Erwachsene akzeptieren keine windigen AGBs! Erwachsene regulieren monopolartige Konzerne hart, und mehr, sie fordern ihre Zerschlagung. Erwachsene denken erst und kaufen dann, nicht nur Hard- und Software, sondern auch

Versprechungen. Sie sind weder Kuh noch Ochse, die behaglich das Gras fressen, ohne die Botanik verstanden zu haben.

Erwachsene fordern, dass Kinder in den ersten Schuljahren bereits die Fähigkeit gelehrt bekommen, nicht jedem digitalen Trick auf den Leim zu gehen. Das verstehen Kinder übrigens oft besser als vermeintliche Erwachsene.

Nicht nur Führungskräfte müssen aufhören, sich allein auf die Aussagen von Beratern und Expertinnen, auch ihrer IT-Abteilungen, zu verlassen. Es gibt hervorragende ITler, aber auch welche, die ihre Rolle in Verbindung mit der Ahnungslosigkeit ihres Managements ausnutzen.

Das gilt eigentlich für alles: Habt so viel Ahnung, so viel Wissen, dass ihr versteht, was abgeht – oder lasst es euch erklären. Generell: Nehmt euch die Zeit, durch Schaden nicht dumm zu bleiben, wie Karl Kraus es empfahl.

Und versteht die Rolle von Arbeit in all dem. Ein Modell, das uns hilft, ist nach wie vor Hannah Arendts Meisterwerk »Vita activa«[180], sozusagen die Blaupause für gelingendes Erwachsensein in komplexen Gesellschaften. Sie unterteilt Tätigkeit in drei Stufen:

- die Arbeit *(labor)* selbst, die dem reinen Existenzerhalt dient. Hier haben wir den großen Bereich der menschlichen Routinearbeit, die so lange unser Leben prägt – und den wir getrost den Automaten überlassen können.
- das Herstellen *(work)*. Das ist die Form menschlicher Arbeit, bei der die Natur so umgeformt wird, dass Menschen besser in ihr leben können, die Kulturarbeit also. Darunter fallen Ackerbau, Ingenieurwesen, Produktion, aber auch Erfindungen, Kreativität und Wissensarbeit aller Art. Das Herstellen ist die Aufgabe des Homo Faber, des Menschen, der Werkzeuge, technische Hilfsmittel und Ideen nutzt, um die Welt zu verbessern. Technik ist hier ganz so, wie es die alten Griechen verstanden: List, Ideenreichtum. Wissensarbeit also. Immer schon.

Diese beiden Stufen stehen nebeneinander, aber sie haben ein Ziel: Menschen, die so viel können und gelernt haben, um sich auf der Grundlage dieses Könnens zu entscheiden. Sie sind selbstständig geworden. Die dritte Ebene ist dann:

- das Handeln *(action)*. Erst hier werden Menschen von Abhängigen zu Souveränen, von Kindern zu Erwachsenen. Sie gestalten mit, mischen sich ein, denken weiter, bieten Alternativen zum Bestehenden an, schlicht, weil sie nicht mehr nur ums Überleben kämpfen oder auch nur mehr Dinge herstellen, um Dinge herzustellen – der Sinn und Zweck der Konsumgesellschaft ist hier angesprochen. Wir entscheiden. Wir müssen also lernen, dass nicht andere für uns etwas erledigen, sondern wir selbst. Immer persönlich, jeder für sich.

Wissen, wie es geht. Know-how

Kluge Unternehmen wissen, worum es geht. Arbeitsteiligkeit, Spezialisierung, Auslagerung, alles okay. Nur muss dabei die rechte Hand wissen, was die linke tut. Der Verlust an Gewusst-wie ist dramatisch. Die globalen Krisen zeigen uns, wie viel Wissen wir aus der Hand gegeben haben und nicht mehr selbst pflegen. Wir sind abhängig geworden, nicht nur von Prozessoren und Software und Bots. Dafür sollte man nicht China, Indien oder die USA verantwortlich machen, sondern sich selbst. Wir wissen uns nicht mehr zu helfen, und es wäre an der Zeit, das erst mal mit Demut zur Kenntnis zu nehmen und sich so schnell wie möglich wieder handlungsfähig zu machen.

Sich zu helfen wissen speist sich vor allem aus zwei Quellen: aus Grundwissen (Bildung, Ausbildung), aber noch viel mehr aus Erfahrungswissen, dem Know-how. In Krisenzeiten ist Know-how die wichtigste Währung. Das heißt nicht, dass wir alle wieder zu Generalistinnen und Generalisten werden müssen. Jedenfalls nicht ganz – denn, auch hier folgen wir Peter Drucker, wir werden »uns künftig noch mehr spezialisieren«, aber müssen gleichzeitig in der Lage sein, das, was »Fachwissensdisziplinen« tun, »zu begreifen«.[181] Know-how ist also das *Gewusst-wie* und das *Gewusst-mit-wem*, denn niemand weiß oder kann alles. Know-how ist das Kontextwissen, das ausreicht, um Problemlösungen anzupacken. Dafür braucht es auch Mut.

Ein alter Anlagenbauer, ein Meister seines Faches, schrieb dem Autor dieses Buches nach einem Vortrag einen Brief, in dem er betonte, er habe noch nie in seinem Leben zweimal die gleiche Fabrik, die gleiche Anlage, das gleiche technische System gebaut. Aber die Kunden hätten Angst davor, etwas ganz Neues zu nutzen: »Innovation ist nur in Ordnung, wenn sie schon vorher jemand versucht hat.« Es sind diese Menschen, die gern Gebrauchsanleitungen hätten: »Wie soll ich digitalisieren?«, fragen sie. Die richtige Frage aber lautet: »Was und warum wollen sie denn das eigentlich, was ist das Ziel?« Die Antwort darauf ist aber nie: »Weil es die anderen auch machen!«

Opportunisten und der Elterntrick

Chatbots, wir haben es schon gehört, schleimen sich ein, weil die Leute gern hören wollen, was sie mögen. Nicht, was sie weiterbringt. Kritikunfähigkeit und Opportunismus sind Seuchen unserer Zeit. Überall ist K & K, Karriere und Konformismus. In den sozialen Netzwerken sind die am kritikunfähigsten, die sonst am meisten danach rufen – die viel von Haltung reden, vielleicht auch, weil sie auf der Suche danach sind. Wer sich ständig verstellt, ist am Ende halt verbogen. Wirklich gute Freunde können sich auch Dinge sagen, die nicht so toll sind. Alle anderen sind oberflächliche Bekannte. Das gilt auch für die Arbeit miteinander. Wer das nicht kann, lernt auch nichts.

Als man Albert Einstein fragte, welchen Rat er für junge Kollegen hätte, sagte er: »Wenn du ein wirklicher Wissenschaftler werden willst, denke wenigstens eine halbe Stunde am Tag das Gegenteil von dem, was deine Kollegen denken.« Mindestens.

Ja, kurzfristig gewinnen die Konformisten einige Schlachten, aber sie verlieren den Krieg, denn wer nicht zweifelt, kritisch weiterdenkt, macht unweigerlich seine Routinefehler. Er ignoriert Komplexität, statt sie zu erschließen.

Natürliche Intelligenz ist das »Werkzeug« zur Erschließung der Quelle von Komplexität. Natürliche Intelligenz hat uns zu dem gemacht, was wir sind, die höchstentwickelte Spezies auf diesem Planeten, aber sicher auch die, die sich am leichtesten verunsichern lässt, eben *weil* sie denkt, zweifelt, kritisch hinterfragt, ob das, was sie ist, auch genügt. Ursache und Wirkung sind eins. Denn nur weil wir unzufrieden sind, gehen wir weiter. Nur weil das, was wir haben, nicht genügt, wagen wir Fortschritt – den Ausbruch aus den Verhältnissen also, von denen so viele sagen: Es war schon immer so, es ist eben so.

»Der Zweifel ist der Weisheit Anfang«[182], sagte René Descartes zu Beginn der Aufklärung. KI zweifelt nicht. Wir müssen das aber, sonst bewegen wir nichts.

Forschung, Medizin, Experimente werden erheblich durch schwache KI unterstützt, und ihre Anwenderinnen und Anwender können sich mehr auf das konzentrieren, was sie eigentlich tun sollen: Alternativen erdenken, die ihre Tätigkeit qualitativ aufwerten. Dazu muss man aber ganz praktisch konstruktiv zweifeln lernen: Geht das, was ich hier mache, nicht anders besser?

Die Hoffnung, dass uns eine künstliche Intelligenz von der Unsicherheit im Leben völlig befreit, ist kindisch und naiv. Der Digitalismus ist aber die Glaubenslehre, eine weitere Ideologie also, die so etwas verspricht. Wir kennen alle den Enkeltrick, bei dem ein Gauner sich am Telefon als Enkel seines Opfers ausgibt und ihm eine Notsituation vorgaukelt, um Geld rauszuschlagen. Es gibt aber auch einen Elterntrick, bei dem Technokraten versuchen, uns heute einzureden, ihre Technik würde sich schon um uns kümmern. Elon Musk ist die lauteste Stimme dieser Trickser, aber bei Weitem nicht die einzige. Die Geschichte geht in etwa so: Wir nehmen euch die Selbstzweifel, aber auch die Selbstbestimmung und das selbstständige Denken, denn die stören unsere Kalkulation. Als Gegenleistung bieten wir einfache Antworten auf komplexe Probleme. Wir regeln das für euch.

Wer erwachsen wird, weiß auch, dass es im Leben nie schwarz-weiß, nie eindeutig, nie mit klarem Ja oder Nein zugeht. Es gibt Widersprüche und Paradoxien. Etwa jene, dass ausgerechnet eine Marketingkampagne, also etwas, was in diesem Buch nicht gut wegkommt, uns sagt, wozu all das Lernen und Mühen und das Nutzen von Digitalisierung und natürlicher Intelligenz gut ist: um zu differenzieren.

»Think different.« Der Slogan, den die Werbeagentur Chiat/Day[183] im Jahr 1997 zur Einführung des Apple iMac nutzte, beschreibt die Kraft der natürlichen Intelligenz wie nichts vor- und nachher in der Branche:

»An alle, die anders denken:
Die Rebellen,
die Idealisten,
die Visionäre,
die Querdenker,
die, die sich in kein Schema pressen lassen,
die, die Dinge anders sehen.
Sie beugen sich keinen Regeln,
und sie haben keinen Respekt vor dem Status Quo.
Wir können sie zitieren, ihnen widersprechen, sie bewundern oder ablehnen.
Das einzige, was wir nicht können, ist sie zu ignorieren,
weil sie Dinge verändern,
weil sie die Menschheit weiterbringen.
Und während einige sie für verrückt halten,
sehen wir in ihnen Genies.
Denn die, die verrückt genug sind zu denken,
sie könnten die Welt verändern,
sind die, die es tun.«[184]

Erinnerung an die Zukunft

Wer anders denkt, hat eine Idee. Ideen sind nicht das Ergebnis von Plänen und Konzepten, von Lehrbüchern und Formeln. Das Wort *Idee* bedeutet im Altgriechischen so viel wie *Gestalt* und *Erscheinung* im Sinne eines Gedankens, an dem wir uns orientieren und ausrichten könnten.

Im Sinne dieser Streitschrift wäre dieser Gedanke eine Welt, in der Menschen die Idee der Digitalisierung verstanden haben, um weitere Ideen zu schaffen. Ideen sind nicht einfach Geistesblitze, isolierte Erscheinungen natürlicher Intelligenz. Sie sind eingebettet in Kultur, Soziales, Gemeinschaft, vor allem aber in die Bedürfnisse und Wünsche der Menschen, die diese Ideen teilen sollen. Ideen taugen nur etwas in bestimmten Zusammenhängen, sie sind nichts Ewiges – sonst werden sie, wie wir schon im Abschnitt zu Ludwig Wittgenstein und Alan Turing gesehen haben, zu Ideologien. Aber nehmen wir dieses Wunderwerk natürlicher Intelligenz einmal, es ist ein wahres Perpetuum mobile, weil eine Idee zur nächsten führt.

Gottfried Wilhelm Leibniz' Idee von der Rechenmaschine war es, sich lästige Arbeit zu ersparen. Vannevar Bushs Idee bestand darin, den dynamischen Flow der amerikanischen Kriegswirtschaft in Friedenszeiten durch die Fokussierung auf Technologie – besonders digital gestützte Technologie – zu erhalten. Bei aller Kritik: Er appellierte an den Verstand der Person und die Fähigkeit, aus vielen nützlichen Teilen ein neues Ganzes zu denken – die Digitalisierung also. Es spielt keine Rolle, dass all diese Dinge in der Vergangenheit stattfanden. Wichtig ist, dass wir heute verstehen, was sie bedeuten – für uns, jetzt. Der Blick zurück leuchtet die Gegenwart aus.

Aus unserer Sicht waren die 1960er-Jahre eine tolle Zeit für junge Leute. Beat, Rock, Pop, Beatles, Mondflug und Hippie-Bewegung. Halt. Auch: die Gefahr eines atomaren Untergangs (Kubakrise), Vietnamkrieg, Mauerbau, Bürgerrechtsbewegung, die Ermordung der Kennedy-Brüder und der Grundstein terroristischer Organisationen.

Nicht mehr so hip, oder? Computer wurden von Männern in grauen Anzügen und mit dicken Hornbrillen verwaltet. Der Rest guckte nur zu. Das war auch schon so, als fünfhundert Jahre vorher Gutenberg den Buchdruck revolutionierte. Einige wenige wurden schlauer, aber neun von zehn Menschen konnten gar nicht lesen. Das Radio sollte die Volksbildung ab den 1920er-Jahren revolutionieren, stattdessen aber wurde es zur Schlager-Schleuder. Dem Fernsehen schrieb man auch bildnerische Wunder zu, die in Soap-Operas und wirren Talkshows mündeten. Dann das Internet. Der *information superhighway*, wie Al Gore das Ding 1992 nannte. Alles wurde letztlich Konsumprodukt, passive Technik. Stephen Klein hat recht: »Niemand wird schlauer, wenn er weniger denkt.« Und, was zu ergänzen ist: nicht selber was draus macht.

Man könnte pessimistisch werden. Aber das hilft nichts. Es gilt die alte Weisheit der Pariser Studentenbewegung von 1968: »Bleiben wir realistisch, versuchen wir das Unmögliche!«

Einer flog übers Kuckucksnest

Paris war bunt und laut 1968, aber das globale Epizentrum der neuen Selbstermächtigung lag in einer kalifornischen Region, die nicht viel mehr als 4.000 Quadratkilometer umfasst. In San Francisco formierte sich die Gegenkultur der Hippies, die Individualität statt Einordnung forderte. Östlich der Bay, in Berkeley, wuchs die Studentenbewegung der 1960er-Jahre heran, die später nach Paris und Berlin exportiert wurde. Und rund um Palo Alto und San José arbeiteten, von den Geschehnissen in den beiden Städten scheinbar unberührt, Ingenieure an den Technologien, mit denen Computer für alle entwickelt werden konnten.

Im Juli 1968 gründeten Gordon Moore[185] und Robert Noyce Intel (Integrated Electronics). Intel baute ab 1971 den ersten Mikroprozessor, den 4004, ab 1972 den leistungsfähigeren 8008, der die Entwicklung preiswerter und kompakter Mikrocomputer technisch ermöglichte.

Doch die Idee des *Personal Computers* kam nicht von den Ingenieuren. Schon zur Mitte der 1960er-Jahre fiel in der aufkommenden Hippie-Szene San Franciscos ein Mann namens Stewart Brand auf. Der Sohn eines MIT-Technikers tourt mit dem Aktionskünstler Ken Kesey, dem Autor des Buches »Einer flog übers Kuckucksnest«, durch Amerika, lernt den Publizisten Tom Wolfe kennen, organisiert 1967 den »Summer of Love« in San Francisco im Stadtteil Haight-Ashbury und verblüfft im Jahr darauf ein Publikum aus Informatikern und Technikern auf der Joint Computer Conference, ebenfalls in San Francisco. Mit dem Techniker Douglas Engelbart zeigt Brand den Prototyp einer Computermaus, einer grafischen Benutzeroberfläche zur einfachen Bedienung von Computern und einen Vorläufer dessen, was man 25 Jahre später »E-Mail« nennen wird. Es gibt keine Zufälle: Engelbart las als junger Soldat »As We May Think« von Bush, das Thema hat sein Leben geprägt.

Brand und Engelbart werden zu Vorreitern einer völlig neuen Idee: Der Computer soll für einfache Menschen da sein, ihnen helfen, sich weiterzuentwickeln, ein Memex plus Emanzipationsauftrag sozusagen, angesichts der Strukturen damals der reine Größenwahn. In einem Gespräch mit dem Wissenschaftler Bernhard Pörksen wird sich Brand später erinnern: »Los, zeig es mir, wo ist die Grenze? Gibt es die überhaupt? Und kann man sie überwinden? – Das war die Haltung, das war der Lebensentwurf, der hier herrschte und der uns befreite, vorantrieb und mutig werden ließ.«[186]

Brand hat »den Witz der Sache« mit dem digital Erwachsenwerden erkannt. 1974 wird er die Maschine, die das kann, *Personal Computer* nennen. Dazwischen entwickelt er den alternativen Branchenführer *Whole Earth Catalogue*, der – noch auf Papier – die Idee künftiger Suchmaschinen im Netz vorwegnimmt. Der persönliche Computer wird durch Vernetzung nochmals besser. Vielleicht sind es wieder nur höchstens 10 Prozent, wie in der Gutenberg-Revolution des Buchdrucks. Aber stellen wir uns nur kurz vor, wie sehr diese 10 Prozent damals die Welt veränderten. Und wie oft es nur wenige Menschen, die klar denken, braucht, um die Geschichte zu verändern.

Ein junger Student aus dem Silicon Valley ist von dieser Idee fasziniert und macht sie zu seiner. Sein Name ist Steve Jobs, dessen Person, vielleicht auch noch mehr dessen Werk, einer seiner Jugendfreunde treffend so beschrieb: »Er war ein Individuum in einer Welt, in der Individualität verdächtig war.«[187] Er wird sich bis zu seinem Tod 2011 immer wieder auf Stewart Brands Ideen berufen, auf dessen Visionen. Jobs wird mit seinem kongenialen Partner Steve Wozniak, der mit ihm beim Computerspiel-Unternehmen Atari jobbt, ein Start-up gründen und ihm einen Namen geben, »Apple«. Digitalisierung ist die Demokratisierung des Wissens und die Verbindung von Maschinenlogik mit unserer Vernunft und Kreativität. Jobs' Biograf Walter Isaacson[188] zitiert ihn mit dem Satz: »Schon als Kind habe ich mich immer für einen Geisteswissenschaftler gehalten, aber ich mochte Elektronik [...] Dann habe ich etwas gelesen, was einer meiner Helden, Erwin Land [der Gründer von Polaroid, Anm. d. Verfassers], über die Bedeutung von Menschen gesagt hat, die an der Schnittstelle zwischen Geistes- und Naturwissenschaften stehen können, und ich habe beschlossen, dass ich das machen möchte.«

Natürlich nahmen die großen Platzhirsche das nicht ernst, wahrscheinlich nicht mal wahr. Die kleine, 1976 gegründete Klitsche namens Apple juckte IBM nicht. Doch das änderte sich rasch. Die Computer, die Apple herstellte, waren einfach zu bedienen und solide. Bald lief auf dem erfolgreichen Apple II (1977) praktische Software, etwa Visicalc, die erste Tabellenkalkulation. Im Jahr 1984 schließlich kommt der Macintosh auf die Welt, eingeführt mit einem Werbespot von Ridley Scott, der zeigt, was Apple und sein Mastermind Jobs wollen. In düsteren Bildern brüllt ein Big Brother in einem Saal voller Untertanen mit fahlen Gesichtern seine Einheitsparolen. Draußen taucht eine junge Hammerwerferin auf, in hellen Farben, während alles andere weiterhin in Grau bleibt, dem Farbton der Maschine. Sie sprintet in den Saal, schwingt den Hammer Richtung Big Brother, und die Kinoleinwand wird zerstört. Dann folgt in Farbe der Macintosh. Abseits der pathetischen Werbesprache ist das ein würfelförmiger, leicht bedienbarer Computer, der die Merkmale der Präsentation von Engelbart und Brand aus dem Jahr 1968 aufgenommen hat, grafische Benutzeroberfläche, Maus, einfache Klicks auf Links und Symbole, die Programme öffnen und den Rechner steuern. Die Werbung nennt das »The Computer for the rest of us«.

Das ist eine interessante Botschaft. Sie spricht Leute an, die den Rechner als Werkzeug benutzen, aber nach *ihren Regeln*. Der Macintosh ist weit berühmter, als seine Verkaufszahlen gut sind. Der Marketingmanager John Sculley, zuvor bei Pepsi, drängt Jobs aus der Firma. Er will »industriekompatible« Computer bauen, die der Konkurrent IBM macht (ohne damit selbst großen Erfolg zu haben). Der Nonkonformist Jobs unterliegt dem Konformisten Sculley, die bessere Idee der Scheinsicherheit, es so zu machen wie alle anderen. Das ist der Ausgangsstoff aller Dramen der Innovation.

Elf Jahre danach ist Apple nur mehr ein trauriger Abklatsch seiner selbst, Sculley über alle Berge und das Unternehmen kurz vor der Insolvenz. Der Aufsichtsrat fleht Jobs an zurückzukommen. In der Not rettet nur Nonkonformismus: Apple wird, in wenigen Jahren und mit dem Schlachtruf »Think different«, das wertvollste Unternehmen der Welt.

Es ist merkwürdig, wie wenig Manager und Menschen aus diesem Beispiel lernen. Die meisten würden sich auch heute auf die scheinsichere Seite der Konformisten, der Sculleys, schlagen, weil die tun, was man immer schon getan hat. Doch erfolgreich ist das Gegenteil, das erwachsene, selbstbewusste Andersdenken: Das »i« im iMac und allen folgenden Produkten steht weder für *Internet* noch *Informatics*, wie viele glauben, sondern für »individual, instruct, inform, inspire« – individuell, anleiten, informieren, inspirieren. Das sind die Techniken der natürlichen Intelligenz, gleichsam ihr Bauplan.

Lob des Irrtums

Maschinen »lernen« durch Programmieren, sie werden konditioniert, sie »irren« sich nicht. Wir Menschen tun das, und das ist gut so. Wir erlangen Erkenntnisse, die uns Entscheidungen treffen lassen, durch Versuch und Irrtum, wir kennen den ganzen Weg, nicht bloß den Ausschnitt, den man uns zeigt. Dadurch verstehen wir auch die Alternativen zu den Pfaden. Wir wissen mehr, weil wir uns öfter irren. Die meisten Entscheidungen werden auch dort, wo wir gründlichste Vorbereitungen treffen, unter Unsicherheit getroffen. Wo unsere Hoffnungen erfüllt werden, hatten wir »Glück«, wo sie enttäuscht wurden, »Pech«. Wie ließe sich derlei programmieren? Und welche Rolle auf dem Weg zu besserem Wissen spielt der Irrtum, der Fehler?

Das Thema Fehlerkultur hat in den vergangenen Jahrzehnten einige Aufmerksamkeit erlangt, und die Quintessenz des Nachdenkens hat einen harten Kern: Es gibt keine fehlerfreien Systeme, es gibt bestenfalls fehlerärmere. Das heißt, dass wir aus unseren Fehlern und Irrtümern lernen können, damit wir wenigstens nicht zweimal denselben Quatsch machen.

Zufälle führen zur Erkenntnis, das weiß man aus der Forschung vor allem durch die Arbeiten des Soziologen Robert Merton und aus seinem »Serendipitäts«-Prinzip: Weil wir geistig und physisch rumkommen, finden wir nicht nur, wonach wir suchen, sondern mehr, wie Kolumbus. Die natürliche Intelligenz ist solche Abweichungen gewöhnt, sie kann damit umgehen, wenn sie sich bewusst macht, dass sie vorliegen. Lernen ist eben etwas grundlegend anderes als ein Programm abarbeiten. Weil wir eben kein Programm abarbeiten, können wir aus Fehlern lernen, auch dann, wenn sie nicht nur aus jenen formal falschen Codes und Sätzen bestehen, die auch Computer erkennen, weil es dann hakt. Wir sind in der Lage, Grundirrtümer zu erkennen und sie uns mit etwas gutem Willen auch einzugestehen.

Mühe

Um das Jahr 2015 behauptete eine Gruppe von Informatikern, sie hätten den Nachweis erbracht, dass Computer träumen. Dabei zeigten die Informatiker Bilder, bunt, schrill, aber sehr abstrakt – »so sehen Computerträume aus«, meinten Journalisten dann. Dass der Informatiker David Gelernter von der Yale University ein rundes Jahr nach diesen Meldungen im Nachrichtenmagazin »Der Spiegel«[189] sehr plausibel darlegte, dass diese Meldungen samt der dazugehörigen Forschung Unsinn waren, interessierte kaum noch jemanden.

Gelernter ist ein verdienter Digerato, auf dessen Ideen wesentliche Entwicklungsschritte in der uns vertrauten Welt des Digitalen zurückgehen. So hat er das Konzept von News Feeds erdacht, und auf Gelernters Arbeit geht auch die Struktur der heute üblichen Cloud-Services zurück. Computer und Programme, so betont er immer wieder, haben kein Bewusstsein, sie können nichts als den Geist des Menschen nachbilden.

In einem anderen Gespräch mit dem Berliner Tagesspiegel[190] betont Gelernter, dass es sich die natürliche Intelligenz angesichts der Entwicklung der Maschinenwelten zu einfach mache: »Es scheint mir wichtig, dass die Bürger ihre Hände nicht in technologischer Unschuld waschen. Viele erklären zu schnell: Ich verstehe diese Technologie nicht. Ich gebe mir aber auch keine Mühe, sie zu verstehen.« Das hat Methode, wie Gelernter weiß: »Früher musste man einmal wissen, wo man welche Informationen findet. Was sich aber mühelos bekommen lässt, ist in den Augen anderer nichts wert. Wenn es mich nur ein paar Tastaturanschläge kostet, Wissen zu beschaffen, schätze ich es anders, als wenn ich erst nachdenken muss, wo ich es herbekomme. Womöglich hätte ich mit jemandem gesprochen oder ein Buch gelesen, das mich auf Dinge bringt, die ich gar nicht gesucht habe.«[191]

Viele Studierende würden von ihren Lehrkräften heute fordern, sie gleich mit dem zu lernenden Absatz zu versorgen, statt von ihnen zu verlangen, das ganze Buch zu lesen. Es gehe nur um wirtschaftliche

Produktivität, so der Informatiker. Was wir dann haben, sind Menschen, die höchstens den Klappentext eines Buches gelesen haben und auch den nicht verstehen. Wer nur auf schwaches Datenverarbeiten aus ist, weiß nichts.

Täuschen wir uns nicht: Mühe ist überall. Das Wort klingt nicht gut, es ist mit der Plage, dem Schmerz verbunden. Aber stimmt das auch? Die *Bemühung*, also das Streben nach Besserung und Besserem, hat sich um dieses Wort gelegt. Die Wortherkunft von *Mühe* ist unklar. Der Publizist Holger Noltze hat einmal im Zusammenhang mit der Kunst und der Musik, hinter der, wie alle Profis wissen, unendliche Anstrengungen vor dem Lohn liegen, vor der »Leichtigkeitslüge« gewarnt. Die Leichtigkeitslüge besteht darin, dass man das Ergebnis – großartige Musik, herrliche Bilder, inspirierende und bewegende Texte – mit dem Werdegang dieser Dinge verwechselt. Es braucht Übung, Erfahrung *und* Kreativität, also schöpferisches Talent, und von allem viel, um etwas Neues zu schaffen. Das gilt in der Kunst ebenso wie im Ingenieurwesen oder sonst wo. Wo Meisterschaft, erwachsenes Können also, angestrebt ist, kommt man ohne Anstrengung nicht aus. Das Marketing hingegen hat diese Wahrheit zum Feind.

Du kannst heute viel mehr erreichen als je zuvor, aber bilde dir bloß nicht ein, du kannst dir die Arbeit und die Mühe auf dem Weg dahin ersparen! Wenn Leute »ihre« Texte und sogar »ihre« Bücher von der KI schreiben lassen, dann merken das halt Leute, die gern Bücher lesen und vorher kaufen. Und natürlich kann man auch mit Plagiaten Erfolg haben, wenigstens eine Zeit lang. Aber nichts davon ist dauerhaft, nachhaltig, gut oder beeindruckend. Würstchenkunst.

Hänschen klein, kindisch eben. Es unterscheidet sich nicht. Es ist unübersehbar nicht eigenständig gedacht. Erwachsene wissen das. Sie müssen sich nur deutlicher bemerkbar machen. Sie haben den Kindern, auch denen, die mittlerweile reif für die Rente sind, zu lang zu viel durchgehen lassen. Digitalisierung ist kein Kinderspiel.

Es gibt keine Mühelosigkeit auf dem Weg. Das ist nur eine Lüge. Und wer sie glaubt, betrügt sich selbst. Aus der Perspektive unkreativer

Menschen fällt Leuten, die besondere Leistungen erbringen, alles in den Schoß. Aber Können und natürliche Intelligenz sind das Ergebnis geduldiger, intensiver Arbeit – und die ist eben nicht pflegeleicht.

Wissen ist nur Macht, wenn man die ganze Strecke geht, die natürliche Intelligenz erfordert. »Wissen ist mehr als Informationen. Wissen erlaubt es nicht nur, aus einer Fülle von Daten jene herauszufiltern, die Informationswert haben, Wissen ist überhaupt eine Form der Durchdringung der Welt: Erkennen, verstehen, begreifen«[192], schrieb der Philosoph Konrad Paul Liessmann.

Die Belohnung, die die natürliche Intelligenz durch Anstrengung erfährt, ist nachhaltiger als der billige Dopamin-Stoß, den Menschen bekommen, wenn jemand ein »Like« unter ihr Selfie oder ihr flüchtiges Geschreibsel setzt. Humanistische Bildung lehrt, dass Denken ein Abenteuer ist, eine Leidenschaft, eine Freude, auch eine Mühe, gewiss, aber eine, die sich lohnt und die nicht einfach nur jenen *cheap thrill* auslöst, den es braucht, damit man seine Rolle als Konsument ausfüllt.

Die Industriegesellschaft mit Digitalisierung ist eben immer noch auf reinem Fleiß gebaut, nicht auf der Mühe, die Kreativität und eigenes Denken macht. Wer denkt wie in der Maschinenwelt wird zu einer Maschine, und wo auch noch erzählt wird, dass Kreativität ganz mühelos zu haben sei, werden wir nicht klüger. Im Gegenteil.

Intelligenz, Gedächtnis und Erinnerungen

Wenn natürliche Intelligenz, der Mensch also, sich von seinen (digitalen) Werkzeugen unterscheiden will, muss er sich seiner Eigenschaften vergewissern. Das führt zur Frage: Was ist denn eigentlich »Intelligenz«? Im Alltag wird der Begriff sehr oft synonym mit Gedächtnis oder der Fähigkeit zur eigenständigen Entscheidung benutzt. Deshalb hat Vannevar Bush seinen Automaten auch *Memex* genannt.

Erinnerungen sind gespeichertes Wissen, Erfahrungen, und wir rufen sie ab, wenn wir sie benötigen, um die Unsicherheit, die mit allen Entscheidungen im Hier und Jetzt verbunden ist, zu reduzieren. Das Wort *Memex* verweist auf *Memory*, englisch für Erinnerung oder Gedächtnis.

Interpretiert man das Gedächtnis nach den Dogmen der formalen Logik, wie es KI-Konzerne tun, dann handelt es sich dabei um nichts weiter als eine spezifische Form, »Informationen zu speichern, zu verknüpfen und wieder abzurufen«, wobei es noch die »Unterscheidung von wichtigen und unwichtigen Informationen« gibt. Diese Antwort gibt Googles KI-Agent Gemini[193] auf die Frage: Was ist Gedächtnis? Es ist kein Zufall, dass sich das so liest wie die Beschreibung einer Datenbank, die Gemini wiederum so definiert: eine »strukturierte Sammlung von Daten, die in einem Computersystem gespeichert und verwaltet« werden. Diese Sammlung ermögliche es, »Informationen effizient zu organisieren, zu speichern und abzurufen«. Den aufmerksam Lesenden wird der wesentliche Unterschied zwischen menschlichem Gedächtnis und maschineller Datenbank nicht entgangen sein, nämlich die Fähigkeit zur Unterscheidung zwischen »wichtigen und unwichtigen« Informationen. Das spielt aber bei der Bewertung des Unterschieds von künstlicher und natürlicher Intelligenz eine entscheidende Rolle. Wir haben oben schon festgestellt, dass KI nur »lernt«, indem sie konditioniert wird. Sie hat kein *eigenes* Gedächtnis, kein Bewusstsein, und die Beurteilung dessen, was wichtig ist und was nicht, übernimmt sie von ihren menschlichen Lehrern bzw. den Quellen, die sie legal und öfter auch illegal in sich aufnimmt und vereinnahmt.

Wissen ist immer bewertete Information, und das heißt auch, dass es in verschiedenen Situationen unterschiedliche Bedeutungen haben kann. Ob das Wetter *schön* ist oder *schlecht*, hängt davon ab, ob man beim Wandern nicht nass werden möchte oder als Landwirt dringend Wasser für seinen Acker braucht. Hinzu kommt, wie viel es regnet, ob der Niederschlag als Wasser oder als Hagel niedergeht und ob die Menge so hoch ist, dass sie ausgetrocknete Felder wegspült oder sogar zu Überflutungen führt.

Natürliche Intelligenz baut also auf bewertetem Wissen auf, das wir uns bewusst machen und abrufen, damit wir nicht jedes Mal von vorn anfangen müssen. Messkunst, Schrift, Aufzeichnungen, all das gibt es, damit die nachfolgenden Generationen aus den Fehlern und Einsichten der vorhergehenden lernen. Das *Gedächtnis* ist also – mit der ganzen Kulturgeschichte und allen Werkzeugen, die Menschen von Anbeginn geschaffen haben – eine unterstützende Maßnahme zum Selberdenken, zur angewandten natürlichen Intelligenz. Aber natürliche Intelligenz verlangt eben auch, das Gedächtnis auf seine Zuverlässigkeit zu prüfen. Wir kennen das: Wir erinnern uns nur ans Gute. Wie leicht vergessen wir das, was sich nie wiederholen darf, wie stark verdrängt wird eine katastrophale Geschichte! KI kann nur verarbeiten, was wir sie lehren, deshalb nimmt sie auch unsere falsche Erinnerung mit.

Der amerikanische Autor Philip K. Dick hat das in *Erinnerungen en gros (We Can Remember it for You Wholesale)* erzählt, die unter dem Titel *Total Recall* 1990 verfilmt wurden. Im Jahr 2084 können Menschen sich Erinnerungen »einpflanzen« lassen, also das tun, was wir heute mit digitalen Speichern machen: sie konditionieren. Wer ein langweiliges Leben hat – wie Dicks Held Douglas Quaid –, bestellt sich aufregende Erinnerungen. Doch mit der Zeit kommen ihm Zweifel, jene große Kraft der natürlichen Intelligenz, die nach ständiger Verbesserung sucht.

Bei Dicks Geschichte sorgen die Zweifel, die Quaid bekommt, für eine Annäherung an die Wirklichkeit. In dystopischen Geschichten – wie in George Orwells *1984*, geschrieben in den 1940er-Jahren – muss den Zweifelnden allerdings das Gehirn, das Zentralorgan des kritischen Denkens, so zurechtgestutzt werden, dass sie ihren Widerstand verlieren.

Der Hirnforscher Mortimer Miskhin[194] unterscheidet bei der Intelligenzleistung des Gehirns in *Habit* und *Memory*, also in gewohnheitsmäßiges Verhalten und bewusstes Erinnern. Habit ist das, was wir

Normalität nennen, ohne lange darüber nachzudenken, der Alltag mit seinen Regeln, die wir nicht hinterfragen, das, was uns richtig und was uns falsch erscheint. *Habit* ist »gewohnheitsmäßig, routiniert, automatisch«, während »Memory [...] das bewusste Behalten und flexible Einsetzen von Wissen ist«, so der Neurowissenschaftler und Psychologe Hans J. Markowitsch[195]. Das Erinnern, *Memory*, ist nicht einfach nur Information, sondern eben Wissen, das wir im Zusammenhang mit der jeweiligen Situation, in der wir stecken, abrufen und anwenden können. Auch hier sind wir wieder beim persönlichen Zusammenhang, dem Know-how, abseits von standardisierten Lehrmeinungen und Bildungsnormen. Memex hat keine solche *Memory*, KI natürlich auch nicht. »Gehirne rekonstruieren Erinnerungen«, schreibt Markowitsch und: »Individuelle und kollektive Erinnerungen spiegeln niemals die tatsächliche Vergangenheit wider, sondern lediglich jene, die sich das Gehirn aufgrund innerer Zustände und Gegebenheiten sowie äußerer Reize zum jeweiligen Abrufzeitpunkt bildet.«[196]

Natürliche Intelligenz kennt kein Schema F.

Sie ist immer ich, du, er, sie, es.

Ein Blick in den Spiegel

Diese wissenschaftliche Erkenntnis verunsichert uns. Wir sehnen uns nach Eindeutigkeit. Wir leben in den jeweiligen Paradigmen, der Vorstellung von Normalität, in »Denkkollektiven«, wie es der polnische Wissenschaftstheoretiker und Arzt Ludwik Fleck[197] nannte. Wir wollen Erinnerungen teilen. Wir fühlen uns einsam und ausgesetzt, wenn wir erfahren, dass wir einzigartig sind – auch im Sinne der Wahrnehmung unserer Umwelt. Diese Ängste machen sich wiederum all jene zunutze, die uns eine eindeutige Wirklichkeit verkaufen wollen, eine »Wahrheit« also. Der Computer ist eine semiotische Maschine, also eine, die auf eindeutiger Sprache basiert. Wer einen Gegenstand fälschen will, ein Bild, eine Skulptur etwa, muss viel können. Mit Worten lügen aber kann fast jeder. Papier ist geduldig, sagt ein altes Sprichwort. Auf Bits und Bytes trifft das noch mehr zu, es wird sogar zur neuen Normalität. Gelegenheit macht Diebe.

Der Informatiker und Berater Philipp Oehrlein hat in seinem Aufsatz »Was wir für Intelligenz halten. Warum KI-Bots in der Regel irreführen«[198] erläutert, warum wir glauben, dass KI tatsächlich intelligent ist. Beim Trainieren von KI-Bots spielen Psychologen und Verhaltensforscherinnen eine große Rolle. Sie wissen, wie Menschen ticken, jedenfalls im Rahmen ihrer traditionellen Gewohnheiten, ihres Habitus. Oehrlein weist darauf hin, dass die Systeme so programmiert werden, »dass sie Vertrauen erzeugen sollen«, weil sie souverän und selbstsicher auftreten. »Und wir sind alle Teil eines Systems, das Selbstsicherheit belohnt[,] auch wenn sie nur gespielt ist.«[199]

Wir können dies leicht im Alltag überprüfen: Wenn Menschen selbstbewusst und selbstsicher auftreten, dann neigen andere dazu, sich ihnen zu unterwerfen oder wenigstens Konflikten aus dem Weg zu gehen. Wenn jemand selbstbewusst auftritt, muss das ja einen Grund haben! »Was uns intelligent erscheint, ist oft nur ein Spiegel der Kommunikation«, so Philip Oehrlein. Das gilt auch für die Kommunikation mit Maschinen, wie der Informatiker am Beispiel einer Service-Hotline zeigt, bei der er im Vorhinein nicht wusste, ob er mit einem Menschen oder eine KI sprechen würde: »Jede Antwort war höflich und gut formuliert, aber nie wurde zugegeben, dass etwas nicht gewusst [wurde] oder nicht geholfen werden konnte. [...] [Es war der] Ausdruck eines Designs, das Unsicherheit gezielt vermeidet. Mit mir sprach die KI, deren Unzulänglichkeiten ich gerade zu erklären versuchte. Ich hatte das Problem kontaktiert, das ich vermeiden wollte. *The call is coming from inside the house*«, schreibt Oehrlein.

Die KI imitiert auch unser Verhalten. Und die Sache mit dem maschinellen »Selbstbewusstsein« hat noch andere Vorteile. Würde eine KI sich für einen Fehler entschuldigen, würde sie damit auch einräumen, dass ihre Schöpfer für die Folgen dieses Irrtums rechtlich verantwortlich wären. Es geht um Schadensbegrenzung. Die Maschine wirkt so souverän, damit die Plattformen ungestraft davonkommen. Uns aber erscheint die Maschine deshalb klug, immer wissend, hilfsbereit und nie fehleranfällig, ganz so, wie wir uns selbst gern hätten, ohne Tadel, fehlerfrei. Die Sprache, die sie spricht, kennen wir aus den Hochglanzbroschüren der Konzerne, wo Juristen jedes Komma dreimal abgeklopft haben, bevor sie in den Druck gingen. Nichts bleibt kleben, alles ist unverbindlich, vage, aber rechtssicher. In einem System, das nie Unsicherheit zeigen darf, weiß Oehrlein, »wirken Fehler nicht als Begrenzung, sondern als bewusste Falschinformation«.

Und das, so fährt er fort, »ist kein Stil. Das ist Taktik. Eine Sprache, die darauf trainiert ist, Widerstand zu umgehen. Und mit der Zeit haben wir gelernt, sie für normal zu halten: glatt, positiv, reibungslos. Keine Kommunikation. *Konditionierung.*« Die KI bestätige nur, »was wir längst kennen: Wie man nach Nähe klingt – *ohne je welche einzugehen*. Sie lässt uns Technologie des 21. Jahrhunderts nutzen und bedient sich dabei nicht unserer Kultur, sondern unserer Instinkte.«[200]

Wir erinnern uns an dieser Stelle an die Sache mit dem Opportunismus, dem Konformismus und an die Worte Joseph Weizenbaums: »Der meiste Schaden, den der Computer potenziell zur Folge haben könnte, hängt weniger davon ab, was der Computer tatsächlich kann oder nicht kann, als vielmehr von den Eigenschaften, die das Publikum dem Computer zuschreibt.«[201]

Noch deutlicher sagt es die Arbeitswissenschaftlerin Sabine Köszegi, die Leiterin des Beirats Ethik der KI der Österreichischen UNESCO-Kommission: »Der Begriff KI verleitet uns zu glauben, dass Maschinen die Welt so verstehen wie wir. Aber die Prozesse der Wahrnehmung und Verarbeitung von Informationen durch Menschen und KI-Systeme sind grundverschieden. Während uns Menschen die Frage nach dem ›Warum‹ treibt und wir die Welt um uns herum nach Dimensionen wie gut und schlecht, schön und hässlich, richtig und falsch erleben und beurteilen, sind KI-Systeme reine Rechenmaschinen ohne eigenen inneren Antrieb, ohne Emotion und ohne Fähigkeit, etwas gänzlich Neues zu schaffen.« Die Professorin an der Technischen Universität Wien ergänzt, die KI verleite uns, »aus Bequemlichkeit eine Abkürzung nehmen zu wollen und generative KI-Systeme eine artifizielle Welt aus Texten, Bildern, Musik erschaffen zu lassen. Wir bezahlen einen hohen Preis, weil wir damit auf Erfahrung und Wahrhaftigkeit verzichten. Im Leben gibt es keine Abkürzungen.«[202]

Wer also glaubt, besonders schlau zu sein, um, ohne selbst zu denken, nur klüger auszusehen, es aber nicht zu sein, ist am Ende der Dumme. Hier heißt es: vernünftig zu sein, es wenigstens werden zu wollen.

Weisheit, Alter, Erfahrung

Die Frage ist, was Vernunft – nicht als theoretisches Konzept, sondern im wirklichen Leben – denn heute sein könnte? Meinen wir in der Alltagssprache, wenn wir »vernünftig sein« sagen, nicht eben genau die Synthese aus Rationalität und Erfahrungswissen? Also das Ergebnis dessen, was wir wissen und erfahren? Weisheit vielleicht? Das Wort hat seinen Ursprung im indischen *veda*, wo es *ganzes Wissen* bedeutet, und im lateinischen *videre*, was *sehen* bedeutet. Man muss etwas gesehen und erlebt haben, um weise zu sein. Weisheit gilt seit der Antike als Kombination geistiger Fähigkeiten bei Individuen, die durch Erfahrung, also eigene Empirie durch »eigene Anschauung«, eine feste Haltung entwickelt haben, eine innere Reife. Die Weisheit entzieht sich einer eindeutigen Definition, was sie Mechanisten suspekt macht. Weisheit ist nicht »clever«.

Ist das, was Führungskräfte, Politiker, Managerinnen, Marketingleute, Verkäufer heute an sich selbst schätzen, »weise« oder ist es einfach nur »clever«? Die Weisheit als Höhepunkt natürlicher Intelligenz begegnet uns nicht in Wahlkämpfen oder Product Keynotes. Sie lässt sich nicht von PowerPoint-Folien ablesen, sie hat mit dem, was wohl abgewogen vor Kameras und Mikrofonen erklärt wird, nichts zu tun. Das eine, das Öffentliche, besteht aus Tricks, Kniffen und Methoden aus dem Lehrbuch, so redet man, da hält man sich zurück, hier heißt es, unverbindlich zu sein, hier energisch. Es ist eine Form des Opportunismus. Weisheit hat damit nichts zu tun.

Günther Anders hat bereits in den 1940er-Jahren beklagt, dass es »nicht auf Wissen oder gar Weisheit« ankäme, sondern auf »lifelong learning«.[203] Das heißt eben auch: Der Mensch ist nie er selbst. Das ist aber auch eine traurige, perfide Nachricht. Denn so kann niemand entscheiden, wann es genug ist mit dem Selbstoptimieren und Werkzeugnutzen. So bleibt man immer unfertig, unzulänglich, halb. Das nützt allen, die etwas zu verkaufen haben, das diesen Umstand angeblich überwindet.

Aber: Wir sind erwachsen, wenn wir uns dafür entscheiden, uns erwachsen, also eigenverantwortlich, zu verhalten. Vorher nicht. Das gilt für Technologie und Ökonomie und vieles andere mehr. Deshalb sind auch die flammenden Appelle und der Versuch nüchterner Hinwendung in diesem Buch nur so viel wert, als man sie annehmen mag. Nichts geht über das Recht auf die eigene Entscheidung. Über das Leben der anderen entscheiden sie selbst. Das weiß sogar Googles Chatbot Gemini besser als so mancher Mensch. Danach gefragt, was Weisheit ist, antwortet er:

»Weisheit ist die Fähigkeit, Zusammenhänge in der Natur, im Leben und in der Gesellschaft zu verstehen. Sie umfasst auch die Fähigkeit, in schwierigen Situationen die sinnvollste Handlungsweise zu finden.«

So einfach kann das Schwere sein.

Denken wir nochmal an Silke Müllers Ideen zur digitalen Grundbildung von weiter vorn: Haltung und Handwerk müssten gelehrt werden. Das Handwerk zum souveränen Gestalter, zum erwachsenen Nutzer umfasst eben nicht nur das Wissen um Technik und die Absichten ihrer Betreiber, sondern, wenn nicht vor allem, Menschenkenntnis. Es bringt wenig, mit einem naiven Menschenbild in die Welt zu gehen, bei dem die Plattformbetreiber schon nichts Böses im Schilde führen werden – und man deshalb auch nichts lernen muss. Handwerk heißt eben, so definierte sie unter anderem, orientieren und gestalten können, und die Grundlagen dafür »sind im Kern übrigens gar nicht neu«, so Müller: »Sie heißen Lesen, Schreiben, Rechnen, Denken – und sie gelten auch online. Kinder müssen Informationen prüfen, Bedeutung verstehen, Sprache finden. Sie sollen sagen können, was sie meinen, und erkennen, was andere wirklich sagen.«[204] Und: »Daten sind heute Währung, wertvoll, aber nur mit Vertrauen gedeckt«, so die Bildungsexpertin weiter, »darum geht es weniger um Effekte und mehr um Klarheit. Was sagen Zahlen wirklich, wo blenden sie, wessen Interessen sprechen mit?«[205]

Stellen wir uns einen wirklich smarten, einen wahrhaft künstlich intelligenten Computer vor. Er würde seinen Benutzer beim Einschalten fragen: »Was haben Sie eigentlich vor?« – und ihn nicht mit einer Flut an billigem Content umspülen und vom Denken abhalten.

Weisheit kann mit Konflikten und Widersprüchen umgehen, weil weise Menschen wissen, dass nichts auf dieser Welt eindeutig ist, schon gar nichts, was von Menschen kommt. Weisheit sucht Konsens und Kompromiss, Koalitionen und Konfliktlösungen – und Weisheit weiß auch um die eigenen Schwächen, Leidenschaften und Fehler. Denn all das ist gleichwertig in uns versammelt. Der deutsche Psychologe Paul Baltes, der unter anderem am Max-Planck-Institut für Bildungsforschung in Berlin lehrte, hat Weisheit als »Expertenwissen in Bezug auf die fundamentalen Tatsachen des menschlichen Lebens«[206] beschrieben. Weil das Wissen um diese »fundamentalen Tatsachen« eben auch durch Versuch und Irrtum, immer wieder neues Kämpfen um Einsichten und Glück entsteht, ist Weisheit ein Erfahrungsprozess.

Wir verbinden Erfahrung in der Regel mit älteren Menschen. Gewiss braucht das auch den Hinweis, dass die Frage ist, in welcher Gesellschaft und unter welchen Bedingungen man seine Erfahrungen gesammelt hat. Lebt man wohlversorgt in der nun ausklingenden westlichen Erbengesellschaft, dann sind die gemachten Erfahrungen nicht unbedingt »Expertenwissen in Bezug auf die fundamentalen Tatsachen des menschlichen Lebens«. Erfahrungen macht man aber mit den Jahren. Mit den Jahren wird man klüger.

Der gebildete Mensch

Weisheit weiß auch, dass das Leben endlich ist. Unsere Zeit begrenzt. Kostbar. Und dass wir deshalb unsere Entscheidungen gut abwägen sollten. Wer alles gleich haben will, keinen Widerstand leistet gegen die Gleichsetzung des Menschlichen mit dem Maschinellen, wird am Ende alles verlieren. Digital Erwachsene leben ihr Leben, nicht das, das ihnen die Algorithmen aufzuzwingen versuchen. Das ist indes keine Frage des Alters, sondern der Vernunft, der Rationalität, und zwar von der Sorte, die ihren Namen wirklich verdient.

Lassen wir nochmals den großen Peter Drucker zu Wort kommen. Er schreibt über den »Gebildeten Menschen«[207] und damit die Grundlage der Wissensgesellschaft: »Wissen ist nicht unpersönlich wie Geld. Wissen ist nicht in einem Buch zu finden. Dort finden sich bloße Informationen. Wissen wird immer von einem Menschen verkörpert. Es wird von einem Menschen gelehrt und erlernt. Es wird von einem Menschen sinnvoll genutzt oder missbraucht. Der Übergang zur Wissensgesellschaft rückt daher den Menschen in den Mittelpunkt.«[208]

»In allen frühen Gesellschaften«, so Drucker, »war der gebildete Mensch bloß Zierrat. Er verkörperte die ›Kultur‹ – ein deutscher Begriff, der in seiner Mischung aus Ehrfurcht und Spott kaum ins Englische zu übersetzen ist (der englische Begriff ›High-Brow‹ ist eine Annäherung). Wir sehen jemanden hochnäsig die Augenbraue heben, als ob das schlau wäre.« Wie recht Drucker hat: Der Dünkel der Bessergebildeten auf der Grundlage der alten Bildungskultur verstellt den Blick auf eine vernünftige Nutzung von Technologie ebenso wie die hysterischen Appellationen der Marktschreier der Digitalisierung.

Es geht um eine schlichte Frage: *Was habe ich davon?* Das ist der Satz, von dem ich hoffe, dass er bei allem, was die Leserinnen und Leser dieses Buches künftig an und mit und in digitalen Netzwerken tun, ein wenig berücksichtigen. Und auch *Warum tue ich das?* ist eine schöne, eine großartige Frage, die zu mehr Souveränität führt.

In der Spieltheorie, die maßgeblich vom Rechengenie John von Neumann angestoßen wurde, gibt es das aus den 1960er-Jahren stammende Gebot *tit for tat*, übersetzt etwa *dieses für jenes*. Es spricht die grundlegende soziale Verhaltensnorm der Reziprozität an, auf der jede soziale Interaktion beruht. Reziprozität bedeutet so viel wie *auf Gegenseitigkeit*. Ich tue was für dich, du tust was für mich.

Oder: Du schadest mir, ich schade dir. Das ist normal. *Tit for tat*. Wenn also Menschen durch eine Technologie reich werden, müssten sie etwas zurückgeben – und nein, damit sind nicht, wie üblich, Milliardärssteuern gemeint, sondern eine viel wichtigere und nachhaltigere Dividende: eine Technologie, ein Werkzeug, das wirklich und nachweislich den Wohlstand und die Chancen derer erhöht, die sie nutzen. Und zwar dadurch, dass sie ihnen die Werkzeuge für ein selbstbestimmtes Leben liefert. Wer das nicht kann oder will, für den sind wir ab sofort nicht mehr zu erreichen. So einfach ist das.

In seiner berühmtesten Rede[209] hat Steve Jobs, der den Computer dem Individuum zugedacht hat und gleichsam ein cleverer Marketingmann war, den passenden Rat gegeben: »Eure Zeit ist begrenzt, also verschwendet sie nicht, das Leben eines anderen zu leben. Lasst euch nicht von Dogmen gefangen nehmen – davon, so zu leben, wie andere Menschen denken. Lasst den Lärm der Stimmen anderer nicht eure innere Stimme ersticken. Das Wichtigste: Folgt eurem Herzen und eurer Intuition, sie wissen bereits, was ihr wirklich werden wollt.«

Es gibt Leute, die halten das in Zeiten der Algorithmen für Kitsch, und es gibt Leute, die können mit Weisheit, Intuition, Persönlichkeit nichts anfangen.

Aber wer weiß, vielleicht sind sie ja einfach noch im Wachstum. An sie gerichtet hat Joseph Weizenbaum das letzte Wort: »Die Macht ist nichts, wenn sie nicht die Macht bedeutet, zu wählen.«[210]

Denkt daran, wenn das System hochfährt.

Anmerkungen

1 Ausschnitte aus der Ansprache Albert Einsteins anlässlich der Eröffnung der 7. Deutschen Funkausstellung und Phonoschau in Berlin, am 22. August 1930, https://einstein-website.de/tondokument/, abgerufen am 22.09.2025

2 Joseph Weizenbaum: Die Macht der Computer und die Ohnmacht der Vernunft. Suhrkamp, Frankfurt/Main, 1977, S. 9, zitiert i. d. F. als Weizenbaum, Macht

3 Alejandra Amenábar Álamos (2024): Creativity and Mirror Effect: Teaching Creative Skills Through Non-traditional Pedagogies, https://www.researchgate.net/figure/George-Land-and-Beth-Jarman-Breakpoint-and-Beyond-1993-Dr-George-Land-and-Beth-Jarman_fig2_378322474, abgerufen am 12.08.2025

4 Weizenbaum, Macht, S. 54

5 Weizenbaum, Macht, S. 34

6 https://www.bibleserver.com/EU/Spr%C3%BCche24%2C5

7 Ich verdanke diesen Hinweis dem Aufsatz Prof. Peter Brödners »*Das Produktivitätsparadoxon der Computertechnik*«. Erschienen ist dieser Aufsatz in: H. J. Bontrup und J. Daub (Hrsg). Digitalisierung und Technik – Fortschritt oder Fluch? Perspektiven der Produktivkraftentwicklung im modernen Kapitalismus, Köln: PapyRossa 2020, S. 114–144, zitiert i. d. F. als Brödner, Produktivitätsparadoxon. Das PDF ist unter https://www.wineme.uni-siegen.de/wp-content/uploads/2020/12/ComputerProduktivkraftPB.pdf abrufbar.

8 Brödner, Produktivitätsparadoxon

9 Wikipedia, Maschine, https://de.wikipedia.org/wiki/Maschine, abgerufen am 22.09.2025

10 Nach Prometheus, der den Menschen das Feuer brachte und dafür von den Göttern verstoßen wurde

11 Vgl. die Website der Deutschen Gesellschaft für Semiotik: Was ist Semiotik?, https://www.semiotik.eu/Semiotik, abgerufen am 22.09.2025

12 Gerhard Kürner, dokumentiert mit Screenshot, Januar 2025, liegt dem Autor vor.

13 Wikipedia, Tian'anmen-Platz, https://de.wikipedia.org/wiki/Tian%E2%80%99anmen-Platz, abgerufen am 29.01.2025

14 Marx, zitiert nach Heinz-Dieter Haustein: Quellen der Meßkunst. Berlin: De Gruyter 2004, S. 248

15 Haustein, Quellen der Meßkunst, S. 306

16 Haustein, Quellen der Meßkunst, S. 2

17 Empfohlen sei dazu Walter Krämer (So lügt man mit Statistik, Frankfurt: Campus 1992), dem ich für seine zahlreichen Hinweise und guten Gespräche in den vergangenen Jahrzehnten dankbar bin.

18 Wiktionary: Algorithmus, https://de.wiktionary.org/wiki/Algorithmus, abgerufen am 22.09.2025

19 Gemini, abgefragt am 12.07.2025, auch in den folgenden beiden Zitaten

20 David Gugerli: Wie die Welt in den Computer kam, Frankfurt: S. Fischer 2018

21 Wie das Avatar-Spiel von Linden Lab (2003), gehyped und heute nicht mehr sehr relevant, heißt

22 Ich verwende den Begriff synonym zur menschlichen Psyche, also der geistigen und mentalen Verfasstheit.

23 Zitiert nach Heinz-Dieter Haustein, Quellen der Meßkunst, Kapitel »Zeitalter der Extreme, Albert Einstein an Max von Laue 1950«, S. 306

24 Haustein, Quellen der Meßkunst, S. 6

25 Thomas S. Kuhn: Die Struktur wissenschaftlicher Revolutionen, Frankfurt: Suhrkamp 2001

26 Denken wir an die Auseinandersetzung zwischen den »klassischen« Physikern wie Einstein und den Quantenphysikern der nächsten Generation.

27 Ich verdanke dieses Wissen dem Computerwissenschaftler Peter Reichl, Professor an der Universität Wien und wohl bester Kenner mechanischer Rechner weltweit. Sein Buch *Homo cyber. Ein Bericht aus Digitalien*, Salzburg: Müry Salzmann 2023, versprüht den Geist neuer humanistischer Universalgelehrter und ist unbedingt lesenswert.

28 Peggy Aldritch Kidwell; Michael R. Williams. Die Rechenmaschinen: Ihre Geschichte und Entwicklung. MIT Press 1992, S. 38–42, übersetzt und herausgegeben von Martin, Ernst (1925). Die Rechenmaschinen und ihre Entwicklungsgeschichte, zitiert nach Wikipedia.

29 Weizenbaum, Macht, S. 28

30 Weizenbaum, Macht, S. 29

31 Hannah Arendt: Crisis of the Republic, New York, 1973, S. 11 f., zitiert nach Weizenbaum, Macht, S. 29

32 durch den tschechischen Autor Karel Čapek in seinem Theaterstück *Rossum's Universal Robots*, 1920

33 Wikipedia, Schachtürke, https://de.wikipedia.org/wiki/Schacht%C3%BCrke, abgerufen am 22.09.2025

34 Wer diese für heute so wichtige Unterscheidung genauer nachlesen möchte, dem sei mein Buch *Echt* (Wolf Lotter: Echt, Ullstein-Econ: Berlin 2024) empfohlen, das sich ausführlich mit dem Thema beschäftigt.

35 Werner Plumpe: Industrieland Deutschland, 1945 bis 2008: In Hans-Peter Schwarz: Bundesrepublik Deutschland, Köln: Böhlau, 2008, S. 379

36 *Linguistische Maschine* ist ein Begriff des amerikanischen Sprachwissenschaftlers Noam Chomsky aus den 1950er-Jahren.

37 Ada Lovelace in *Sketch of The Analytical Engine Invented by Charles Babbage*, hier auf https://en.wikisource.org/wiki/Scientific_Memoirs/3/Sketch_of_the_Analytical_Engine_invented_by_Charles_Babbage,_Esq./Notes_by_the_Translator

38 Albert Einstein: Geometrie und Erfahrung. Erweiterte Fassung des Festvortrages a. d. Preußischen Akademie der Wissenschaften zu Berlin am 27.1.1921, zitiert nach Wikiquote

39 Karl Marx: Das Elend der Philosophie, 1847, Ausgabe 1884, hrsg. von Karl Kautsky

40 Eine Ausnahme ist das größte Todeslager Auschwitz, wo die Erfassung der Massen der zu ermordenden Menschen zur Vertuschung unterblieb.

41 Bei den Arbeiten mit Glühbirnen entdeckt Edison im Jahr 1880, dass die Glaskolben seiner mit Gleichstrom betriebenen Leuchten auf einer Seite allmählich eine Trübung im Glas aufweisen. Das liegt daran, dass beim glühenden Draht Elektronen freigesetzt werden. In den folgenden Jahren wird dieses Phänomen des Edison-Effekts immer genauer untersucht, und daraus entstehen die Elektronenröhren, die die Grundlage der elektronischen Digitalisierung rund 70 Jahre nach dieser Entdeckung bilden.

42 Haustein, Quellen der Meßkunst, S. 192

43 Wikipedia, Lochkarte, https://de.wikipedia.org/wiki/Lochkarte, abgerufen am 22.09.2025

44 Bundeszentrale für politische Bildung: Technokratie, https://www.bpb.de/kurz-knapp/lexika/politiklexikon/18329/technokratie/, abgerufen am 22.09.2025

45 Ebd.

46 Wiktionary, Uniform, https://de.wiktionary.org/wiki/Uniform, abgerufen am 22.09.2025

47 Ludwig Wittgenstein: Philosophische Untersuchungen, S. 50

48 Douwe Draaisma: Warum das Leben schneller vergeht, wenn man älter wird, Frankfurt am Main: Eichborn 2004, S. 43

49 Ludwig Wittgenstein: Tractatus logico-philosophicus, Gutenberg-Projekt, Originalausgabe in Englisch mit einem Vorwort von Bertrand Russell, https://www.gutenberg.org/files/5740/5740-pdf.pdf, hier zitiert aus Wittgensteins Vorwort (Übersetzung übernommen von https://de.wikipedia.org/wiki/Tractatus_logico-philosophicus), S. 23 f.

50 Wittgenstein, Tractatus, S. 23 (Übersetzung übernommen von https://de.wikipedia.org/wiki/Tractatus_logico-philosophicus)

51 Cora Diamond: Wittgenstein's Lectures on the Foundations of Mathematics. University of Chicago Press, 1989

52 Wer sich für die Wittgenstein-Turing-Debatte genauer interessiert, dem sei Karl Sigmunds *The Waltz for Reason* empfohlen.

53 Alan Turing: On Computable Numbers, with an Application to the Entscheidungsproblem, 1936, veröffentlicht 1937, London, in der Folge zitiert als Turing, On Computable Numbers

54 Weizenbaum, Macht, über den begrenzten Realitätsbezug solcher theoretischer Vorrichtungen und Modelle und in weiterer Folge auch eine Darlegung der Funktionsweise der Turingmaschine, S. 65 ff.

55 Weizenbaum, Macht, S. 97

56 Claire L. Evans: Broad Band. The Untold Story of the Woman Who Made the Internet. Penguin, Putnam, 2018

57 John von Neumann: First Draft of a Report in the EDVAC, im Volltext hier verfügbar: https://ieeexplore.ieee.org/document/238389, abgerufen am 22.09.2025

58 das man hier mit detailliert aufgeschlüsselten Beweismitteln nachvollziehen kann: https://archives.upenn.edu/wp-content/uploads/2017/01/ENIAC-Trial-Exhibits-Master-Index-by-Exhibit.pdf, abgerufen am 22.09.2025

59 Der Begriff des militärisch-industriellen Komplexes wird hier in der Interpretation der amerikanischen Präsidenten Franklin D. Roosevelt und Dwight D. Eisenhower benutzt.

60 Die Zeit v. 09.05.2015: Hintergrund: Der Zweite Weltkrieg in Zahlen und Fakten, https://www.zeit.de/news/2015-05/08/geschichte-hintergrund-der-zweite-weltkrieg-in-zahlen-und-fakten-08065612, abgerufen am 22.09.2025
61 2022 lag dieser Wert am weltweiten BIP noch bei mehr als 25 Prozent.
62 Jörg Nagler (2014): Kalter Krieg von 1945 bis 1989, https://www.bpb.de/shop/zeitschriften/izpb/usa-geschichte-wirtschaft-gesellschaft-268/181036/kalter-krieg-von-1945-bis-1989/, abgerufen am 22.09.2025
63 Vannevar Bush: As We May Think, im englischen Original abgerufen und mithilfe der Google-Übersetzung ins Deutsche übertragen, Volltext hier: https://www.theatlantic.com/magazine/archive/1945/07/as-we-may-think/303881/, abgerufen am 22.09.2025
64 Bush, As We May Think
65 Bush, As We May Think
66 Bush, As We May Think
67 Bush, As We May Think
68 Bush, As We May Think
69 Bush, As We May Think
70 Bush, As We May Think
71 Wikipedia, Clarke's three laws, https://en.wikipedia.org/wiki/Clarke%27s_three_laws, abgerufen am 22.09.2025
72 Bush, As We May Think
73 Bush, As We May Think
74 T. R. Kennedy Jr.: Electronic Computer Flashes Answer, May Speed Engineering, The New York Times v. 15.2.1946, https://www.computerhistory.org/revolution/birth-of-the-computer/4/78/323, abgerufen am 22.09.2025
75 »Führungskräfte, die das Gerät zum ersten Mal in Aktion sahen, priesen es als ein Werkzeug an, mit dem begonnen werden könne, wissenschaftliche Angelegenheiten auf eine neue Grundlage zu stellen.«
76 Edward Bernays: Propaganda: Die Kunst der Public Relations, Orange Press 2007
77 Bernays, Propaganda
78 David Gugerli: Wie die Welt in den Computer kam. Zur Entstehung digitaler Wirklichkeit. S. Fischer 2018, i. d. F. zitiert als Gugerli, Wie die Welt in den Computer kam
79 Gugerli, Wie die Welt in den Computer kam, S. 6
80 Gugerli, Wie die Welt in den Computer kam, S. 8
81 Michael S. Mahoney: Histories of Computing, Harvard University Press, Boston, 2011
82 beim UNIVAC II 1954/55
83 Gugerli, Wie die Welt in den Computer kam, S. 10
84 Gugerli, Wie die Welt in den Computer kam, S. 64
85 Gugerli, Wie die Welt in den Computer kam, S. 11
86 Detlef Borchers (2020): Missing Link, Computer und Wahlen – verwählt, verrechnet und vergessen, https://www.heise.de/hintergrund/Missing-Link-Computer-und-Wahlen-verwaehlt-verrechnet-und-vergessen-4951022.html, S. 2, abgerufen am 22.09.2025
87 Gugerli, Wie die Welt in den Computer kam, S. 204
88 Borchers, Missing Link, S. 3

89 Hans-Joachim Braun; Walter Kaiser: Technikgeschichte, seit 1914. Der Aufstieg der Rechner, S. 372 i. d. F. als Braun/Kaiser, Technikgeschichte

90 Braun/Kaiser, Technikgeschichte, S. 372

91 Peter Blunschi (2011): Die Warnung des Generals vor dem Militär, https://www.20min.ch/story/die-warnung-des-generals-vor-dem-militaer-383300141369, abgerufen am 22.09.2025

92 Ich verdanke den Hinweis auf Simmel/Heider Martina Mara, Professorin für Roboterpsychologie an der Johannes Kepler Universität in Linz.

93 Wikipedia, Kognitive Verzerrung, https://de.wikipedia.org/wiki/Kognitive Verzerrung, abgerufen am 22.09.2025

94 Diesen Hinweis verdanke ich einem sehr erkenntnisreichen Beitrag des MDR des Kollegen Peter Kaiser, in dem der Zusammenhang zwischen altem Animismus und vermeintlich ganz neuer Liebe zum Smartphone hergestellt wird. Sehr lesenswert: Peter Kaiser (2021): Smartphones Geist. Beseelte Dinge: Die Renaissance des alten Animismus, https://www.mdr.de/wissen/renaissance-animismus-beseelte-gegenstaende-geist-ding-100.html, abgerufen am 22.09.2025, i. d. F. zitiert als Kaiser, Animismus

95 Kaiser, Animismus

96 N. N. (1955): Die Revolution der Roboter, https://www.spiegel.de/politik/die-revolution-der-roboter-a-3c972803-0002-0001-0000-000031970830, abgerufen am 11.08.2025

97 N. N. (1955): Die Revolution der Roboter, https://www.spiegel.de/politik/die-revolution-der-roboter-a-3c972803-0002-0001-0000-000031970830, abgerufen am 11.08.2025

98 Dieter Petereit (2025): Die Fünf-Milliarden-Dollar-Frage: Ist OpenAIs Erfolg nur auf Sand gebaut?, https://t3n.de/news/openai-umsatz-verluste-geschaeftsmodell-kritik-1696477/, abgerufen am 22.09.2025

99 Ian Webster (2025): The U. S. Dollar has lost 92% its value since 1956, https://www.in2013dollars.com/us/inflation/1956, abgerufen am 22.09.2025

100 J. McCarthy et al. (1955): A Proposal for the Dartmouth Summer Research Project on Artificial Intelligence, durch Google-Übersetzung ins Deutsche übertragen, https://www-formal.stanford.edu/jmc/history/dartmouth/dartmouth.html, abgerufen am 22.09.2025

101 Weizenbaum, Macht, S. 187

102 Weizenbaum, Macht, S. 266; McCarthy in der BBC 2 am 30. August 1973

103 Stanley Kubrick (UK, 1964): Dr. Strangelove or: How I Learned to Stop Worrying and Love the Bomb

104 Technische Hochschule Würzburg-Schweinfurt: Schwache KI vs. Starke KI, https://ki.thws.de/thematik/starke-vs-schwache-ki-eine-definition/, abgerufen 11.08.2024

105 Gemini definiert LLM, also sich selbst, so, dass es versucht, möglichst »menschenähnliche Antworten zu geben«. Der Eindruck bei den Benutzern ist natürlich ein anderer.

106 Technische Hochschule Würzburg-Schweinfurt: Schwache KI vs. Starke KI, https://ki.thws.de/thematik/starke-vs-schwache-ki-eine-definition/, abgerufen 11.08.2024

107 Technische Hochschule Würzburg-Schweinfurt: Gehirn als Denkmaschine, https://ki.thws.de/thematik/gehirn-als-denkmaschine/, abgerufen am 22.09.2025

108 Silke Müller: Wer schützt unsere Kinder? Droemer, München, 2023
109 Silke Müller im Gespräch mit Wolf Lotter, 13.08.2025
110 Silke Müller im Gespräch mit Wolf Lotter, 13.08.2025
111 Mehr dazu in meinem Buch: Zusammenhänge. Wie wir lernen, die Welt wieder zu verstehen. Edition Körber, 2020
112 Zitiert in einem Beitrag von Jakob Epler (2013): Die Spuren von 100 Jahren Behaviorismus, https://www.deutschlandfunk.de/die-spuren-von-100-jahren-behaviorismus-100.html, abgerufen am 22.09.2025
113 Epler, Behaviorismus
114 Herbert A. Simon (1969): The Sciences of the Artificial, Cambridge Press, S. 24 ff., zit. nach Weizenbaum, Macht
115 Rogers vertrat ein nicht-mechanistisches Weltbild. Weizenbaum hat sich nur der Sprache bedient, weil die eine starke persönliche Einfühlung nahelegt, im Fall von ELIZA und DOCTOR zum Zwecke der Manipulation. Auf der Website des Weizenbaum Instituts kann ELIZA ausprobiert werden: https://jw.weizenbaum-institut.de/wp03
116 Joseph Weizenbaum, Pioniere der Informatik, S. 54
117 Allianz Trade: Ratgeber Wirtschaftskriminalität, https://www.allianz-trade.de/clp/fid/ratgeber-wirtschaftskriminalitaet-formular.html, abgerufen am 22.09.2025
118 Austrian Institute of Technology (2020): High Tech im Kampf gegen Fake News, https://www.ait.ac.at/blog/high-tech-im-kampf-gegen-fake-news, abgerufen am 22.09.2025
119 Zitiert nach Wikipedia: Übermensch und Einzelnachweis, hier als Sekundärquelle: Primus-Heinz Kucher: Verdrängte Moderne – vergessene Avantgarde: Diskurskonstellationen zwischen Literatur, Theater, Kunst und Musik in Österreich 1918–1938, Vandenhoeck & Ruprecht 2015, S. 68
120 Kerstin Kohlenberg; Stephan Lebert (2025): »Mit der KI zu verschmelzen, ist der einzige Weg, nicht von ihr beherrscht zu werden«, https://www.zeit.de/2025/32/ray-kurzweil-kuenstliche-intelligenz-zukunft-technologie, abgerufen am 22.09.2025
121 Elisabeth Hurth (2016): Die Heilsversprechen des Transhumanismus. Ewig leben, https://www.herder.de/hk/hefte/archiv/2016/12-2016/ewig-leben-die-heilsversprechen-des-transhumanismus/, abgerufen am 22.09.2025
122 Watson (2022): Chatbot »LaMDA«. Google-Ingenieur glaubt, eine KI habe Gefühle entwickelt – und verliert vorübergehend seinen Job, https://www.netzwoche.ch/news/2022-06-14/google-ingenieur-glaubt-eine-ki-habe-gefuehle-entwickelt-und-verliert, abgerufen am 22.09.2025
123 futurezone (2023): Steve Wozniak warnt vor Missbrauch künstlicher Intelligenz, https://futurezone.at/digital-life/steve-wozniak-apple-mitgruender-warnt-vor-kuenstlicher-intelligenz/402442653, abgerufen am 22.09.2025
124 Wolf Lotter (2007): Elementarteilchen, https://www.brandeins.de/magazine/brand-eins-wirtschaftsmagazin/2007/veraenderung/elementarteilchen, abgerufen am 22.09.2025
125 Georg Franck: Ökonomie der Aufmerksamkeit. München: C. Hanser, 1998
126 DGPP (2021): Das menschliche Bedürfnis, als wichtig wahrgenommen zu werden, https://www.dgpp-online.de/post/kopie-von-dies-ist-eine-%C3%BCberschrift-f%C3%BCr-einen-blogbeitrag, abgerufen am 22.09.2025
127 Als Florence, verfilmt mit Meryl Streep, 2016

128 Ryan Tate (2009): Google CEO: Secrets Are for Filthy People, https://www.gawkerarchives.com/5419271/google-ceo-secrets-are-for-filthy-people, abgerufen am 22.09.2025

129 Nina Rehfeld (2024): Erst rauben, den Rest machen die Anwälte, https://www.faz.net/aktuell/feuilleton/medien/ex-google-chef-eric-schmidt-zu-ki-erst-rauben-den-rest-machen-die-anwaelte-19928571.html, abgerufen am 22.09.2025

130 BBC (2023): A warning about AI from a founding father of the IT age, https://www.bbc.com/audio/play/w3ct4tps, abgerufen am 22.09.2025

131 Lena Waltle; Gioia da Silva (2025): Open AI beschwert sich, Deepseek habe ihre Daten geklaut. Dabei basiert Chat-GPT selbst auf einem grossen Datendiebstahl, https://www.nzz.ch/technologie/open-ai-beschwert-sich-deepseek-habe-ihre-daten-geklaut-dabei-basiert-chat-gpt-selbst-auf-einem-grossen-datendiebstahl-ld.1868891, abgerufen am 22.09.2025

132 Zitiert nach NZZ, siehe oben Waltle/da Silva: Open AI beschwert sich

133 Waltle/da Silva: Open AI beschwert sich

134 Zitiert nach NZZ, siehe oben Waltle/da Silva: Open AI beschwert sich

135 Hier zitiert nach Ella Creamer (2024): Meta »discussed buying publisher Simon & Schuster to train AI«, https://www.theguardian.com/books/2024/apr/09/meta-discussed-buying-publisher-simon-schuster-to-train-ai, abgerufen am 22.09.2025

136 Creamer, Meta, englischen Text per Google-Übersetzung ins Deutsche übertragen

137 Abfrage vom 03.03.2025, Gemini

138 Wikipedia, Produktivitätsparadoxon, https://de.wikipedia.org/wiki/Produktivit%C3%A4tsparadoxon, abgerufen am 22.09.2025

139 Statista (2025): Anzahl der Erwerbstätigen in Deutschland nach Wirtschaftsbereichen im Jahr 2024, https://de.statista.com/statistik/daten/studie/1248/umfrage/anzahl-der-erwerbstaetigen-in-deutschland-nach-wirtschaftsbereichen/#:~:text=Das%20produzierende%20Gewerbe%20und%20das,Arbeitsmarktes%20trotz%20globaler%20Herausforderungen%20unterstreicht, abgerufen am 22.09.2025

140 Diese und die folgenden Daten stammen aus Statista: USA: Anteile der Wirtschaftssektoren am Bruttoinlandsprodukt der USA, https://de.statista.com/statistik/daten/studie/165838/umfrage/anteile-der-wirtschaftssektoren-am-bruttoinlandsprodukt-der-usa/#:~:text=Im%20Jahr%202021%20hat%20die,Dienstleistungssektor%20rund%2076%2C7%20Prozent, abgerufen am 22.09.2025.

141 Manfred Füllsack: Arbeit. Herausgegeben von Konrad Paul Liessmann in der Reihe Grundbegriffe der europäischen Geistesgeschichte, UTB, S. 85 ff.

142 Füllsack, Arbeit, S. 82

143 D. Bell: The Coming of Post-Industrial-Society, NYXC: Basic Books 1973

144 Stephen Klein auf LinkedIn, https://www.linkedin.com/posts/stephenbklein_debunking-the-myth-that-ai-is-replacing-jobs-activity, abgerufen am 11.08.2025

145 Craig Hale (2025): Generative AI isn't biting into wages, replacing workers, and isn't saving time, economists say, https://www.techradar.com/pro/generative-ai-isnt-biting-into-wages-replacing-workers-or-saving-time-economists-say, abgerufen am 11.08.2025

146 Till Leopold (2025): How AI is reshaping the career ladder, and other trends in jobs and skills on Labour Day, https://www.weforum.org/stories/2025/04/ai-jobs-international-workers-day/, abgerufen am 22.09.2025
147 Anders Humlum; Emilie Vestergaard (2025): Large Language Models, Small Labor Market Effects, https://papers.ssrn.com/sol3/papers.cfm?abstract_id=5219933, abgerufen am 22.09.2025; Tagesschau (2025): »Stargate«. Trump verkündet milliardenschweres KI-Projekt, https://www.tagesschau.de/wirtschaft/digitales/stargate-ki-trump-100.html, abgerufen am 22.09.2025
148 Andrew McAfee (2012): Race Against the Machine: How the Digital Revolution is Accelerating Innovation, Driving Productivity, and Irreversibly Transforming Employment and the Economy. Lexington: Digital Frontier Press, 2012
149 Zusammenfassung hier: ING (2015): Zunehmende Automatisierung gefährdet mehr als 18 Mio. Arbeitsplätze in Deutschland, https://www.ing.de/ueber-uns/presse/pressemitteilungen/zunehmende-automatisierung-gefaehrdet-mehr-als-18-mio-arbeitsplaetze-in-deutschland/, abgerufen am 22.09.2025
150 Statista (2019): Anzahl der Arbeitslosen in der Weimarer Republik in den Jahren 1926 bis 1935, https://de.statista.com/statistik/daten/studie/277373/umfrage/historische-arbeitslosenzahl-in-der-weimarer-republik/, abgerufen am 22.09.2025
151 Destatis (2025): Zahl der Erwerbstätigen im Jahr 2024 auf neuem Höchststand, https://www.destatis.de/DE/Presse/Pressemitteilungen/2025/01/PD25_001_13321.html, abgerufen am 22.09.2025
152 Forbes (2025): Die Top 10 der reichsten Menschen der Welt, https://www.forbes.at/artikel/die-top-10-der-reichsten-menschen-der-welt-januar-2025, abgerufen am 22.09.2025
153 Kenneth Ritley, Chuck Ritley: Wie Händler die Minicomputer überall etablierten – 60 Jahre Transformation, Teil 3, https://www.societybyte.swiss/2022/02/23/wie-haendler-die-minicomputer-ueberall-etablierten-60-jahre-digitale-transformation-teil-3/, abgerufen am 22.09.2025
154 Zu dieser Entwicklung hat der Autor das *Kursbuch Neue Wirtschaft*, 2001, Deutsche Verlagsanstalt, als Co-Herausgeber ediert.
155 Florian Zandt (2023): Absatz von Computern. Dem PC-Markt geht die Pandemie-Puste aus, https://de.statista.com/infografik/28449/geschaetzte-anzahl-ausgelieferter-computer-seit-pandemiebeginn-pro-quartal/, abgerufen am 22.09.2025
156 LinkedIn, Stephen Klein, liegt gespeichert vor; Übertragung des englischen Originals in Deutsche per Google-Übersetzung
157 Christian Wingeier (2024): OpenAI rechnet bis 2029 mit Verlusten, https://www.inside-it.ch/openai-rechnet-bis-2029-mit-verlusten-20241010, abgerufen am 22.09.2025
158 Klein, LinkedIn v. 06.05.2025, https://www.linkedin.com/in/stephenbklein/
159 BCG 2924/2, https://www.bcg.com/publications/2024/from-potential-to-profit-with-genai, vorliegend als PDF, i. d. F. als Klein mit dem Datum der Veröffentlichung zitiert
160 Klein, Mai 2025
161 Wikipedia, Productivity Paradox, https://en.wikipedia.org/wiki/Productivity_paradox, abgerufen am 22.09.2025

162 Peter Brödner (2020): Das Produktivitätsparadoxon der Computertechnik, https://www.wineme.uni-siegen.de/wp-content/uploads/2020/12/ComputerProduktivkraftPB.pdf, abgerufen am 11.08.2025

163 Brödner, Produktivitätsparadoxon

164 Daron Acemoğlu et al. (2014): Return of the Solow Paradox? American Economic Review, https://www.aeaweb.org/articles?id=10.1257/aer.104.5.394, abgerufen am 22.09.2025

165 Brödner, Produktivitätsparadoxon

166 Auf eine Veröffentlichung des Autors dieses Buches reagierend, 01/25

167 Mathias Binswanger (2024): Mit KI wuchert noch mehr Bürokratie, https://www.nzz.ch/pro/hintergrund/mathias-binswanger-wieso-ki-zu-mehr-buerokratie-fuehrt-ld.1829579, abgerufen am 22.09.2025, zu seinem Buch *Die Verselbständigung des Kapitalismus – Wie KI Menschen und Wirtschaft steuert und für mehr Bürokratie sorgt*, Weinheim: Wiley-VCH, 2024

168 Binswanger, Mit KI wuchert noch mehr Bürokratie

169 Binswanger, Mit KI wuchert noch mehr Bürokratie

170 Brödner, Produktivitätsparadoxon

171 François Candelon et al. (2023): How People Can Create – and Destroy – Value with Generative AI, https://www.bcg.com/publications/2023/how-people-create-and-destroy-value-with-gen-ai, abgerufen am 22.09.2025

172 BRaktuell v. 24.05.2025, 15.20, KI in der Diagnostik

173 Brödner, Produktivitätsparadoxon

174 Brödner, Produktivitätsparadoxon

175 Nataliya Kosmyna et al. (2025): Your Brain on ChatGPT: Accumulation of Cognitive Debt when Using an AI Assistant for Essay Writing Task, https://www.researchgate.net/publication/392560878_Your_Brain_on_ChatGPT_Accumulation_of_Cognitive_Debt_when_Using_an_AI_Assistant_for_Essay_Writing_Task, abgerufen am 11.08.2025

176 brand eins, Ausgabe 07/2016: Schwerpunkt Digitalisierung, https://www.brandeins.de/magazine/brand-eins-wirtschaftsmagazin/2016/digitalisierung, abgerufen am 22.09.2025

177 Stephen Klein, LinkedIn-Post, 03.06.2025. Stephen Klein ist Lehrender an der Universität Berkeley und angesehener Unternehmer.

178 Lewis Mumford: Mythos der Maschine. Fischer Taschenbuch 1978, S. 833

179 Peter Drucker: Postkapitalistische Gesellschaft, S. 302

180 Hannah Arendt: Vita activa oder Vom tätigen Leben, hrsg. von Thomas Meyer, Piper 2020

181 Drucker, Postkapitalistische Gesellschaft, S. 308

182 René Descartes (1641): Meditationes de prima philosophia

183 Später Teil der TBWA-Gruppe

184 Wikipedia, Think different, abgerufen im April 2025

185 Gordon Moores Gesetz, nach dem sich alle 18 Monate die Schaltkreise eines Chips verdoppeln – bei gleichen Produktionskosten –, ist die Ursache dafür, dass wir immer wieder neue Hardware kaufen, weil die, die wir haben, uns bald überholt erscheint.

186 Stewart Brand mit Bernhard Pörksen (2022): »Wollen wir, dass das Netz verschwindet?«, https://www.zeit.de/kultur/2022-05/stewart-brand-whole-earth-catalogue-silicon-valley, abgerufen am 22.09.2025. Ich danke an dieser Stelle Bernhard Pörksen für die zahlreichen Hinweise zu seinen ausführlichen Gesprächen mit Stewart Brand.

187 In Walter Isaacson (2011): Steve Jobs. A Biography, Simon & Schuster, S. 112

188 Isaacson, Steve Jobs

189 Der Spiegel (2016): Computer träumen nicht. Spiegel-Gespräch, https://www.spiegel.de/kultur/computer-traeumen-nicht-a-f19689a3-0002-0001-0000-000144886663, abgerufen am 22.09.2025

190 Gregor Dotzauer (2010): Selbstbewusstsein ist ein Fluch. https://www.tagesspiegel.de/kultur/selbstbewusstsein-ist-ein-fluch-7065328.html, abgerufen am 22.09.2025

191 Dotzauer, Selbstbewusstsein

192 K. P. Liessmann: Theorie der Unbildung. Paul Zsolnay 2006, S. 29

193 Im April 2025

194 Hier zitiert aus Hans Markowitsch: Das Gedächtnis, München: C. H. Beck, 2009, S. 77 f.

195 Markowitsch, Gedächtnis, S. 77

196 Markowitsch, Gedächtnis

197 Denkkollektiv, https://blog.zhdk.ch/trans/denkkollektiv-2/, abgerufen am 22.09.2025

198 Philipp Oehrlein (2025): Was wir für Intelligenz halten. Warum KI-Bots in der Regel irreführen, https://unvollstaendig.de/was-wir-fuer-intelligenz-halten, 22.09.2025

199 Oehrlein, Was wir für Intelligenz halten

200 Oehrlein, Was wir für Intelligenz halten

201 Weizenbaum-Institut: Weizenbaum als Kritiker der Computergesellschaft, https://jw.weizenbaum-institut.de/wp04, abgerufen am 11.08.2025

202 Sabine T. Köszegi, zitiert nach Deklaration zur Bedeutung der Regionalkultur im Zeitalter der künstlichen Intelligenz. Kultur.Region.Niederösterreich, St. Pölten, 2025, https://www.kulturregionnoe.at/fileadmin/root_krnoe/Publikationen/KRN_Deklaration_Einzelseiten.pdf, abgerufen am 22.09.2025

203 Günther Anders zitiert nach Liessmann, Unbildung, S. 27

204 Silke Müller im Gespräch mit Wolf Lotter, August 2025

205 Silke Müller im Gespräch mit Wolf Lotter, August 2025

206 Anna Gielas (2021): Kompetenz im Menschsein, https://www.psychologie-heute.de/leben/artikel-detailansicht/41637-kompetenz-im-menschsein.html, abgerufen am 22.09.2025

207 Drucker, Postkapitalistische Gesellschaft, S. 299 ff.

208 Ebd.

209 Steve Jobs, Abschlussrede in Stanford 2005: »You've got to find what you love«, Steve Jobs says, https://news.stanford.edu/stories/2005/06/youve-got-find-love-jobs-says (per Google-Übersetzung ins Deutsche übertragen), abgerufen am 22.09.2025

210 Weizenbaum, Macht, S. 338

Bibliografische Information der Deutschen Nationalbibliothek

Die Deutsche Nationalbibliothek verzeichnet diese Publikation in der Deutschen Nationalbibliografie; detaillierte bibliografische Daten sind im Internet über http://dnb.dnb.de/ abrufbar.

Print: ISBN978-3-68951-069-5 Bestell-Nr. 12231-0001
ePub: ISBN 978-3-68951-070-1 Bestell-Nr. 12231-0100

Wolf Lotter
Digital erwachsen
1. Auflage, November 2025

Munzinger Str. 9, 79111 Freiburg
www.haufe.de | info@haufe.de

Autorenfoto: © Katharina Lotter
Lektorat: Ursula Thum, Text+Design Jutta Cram
Produktmanagement: Elisabeth Heueisen